Meditationen für Manager

Klaus W. Vopel

MEDITATIONEN FÜR MANAGER

Emotionale Selbstverteidigung
im Alltag

iskopress

Die Deutsche Bibliothek – CIP-Einheitsaufnahme
Vopel, Klaus W.:
Meditationen für Manager :
emotionale Selbstverteidigung im Alltag /
Klaus W. Vopel.
- 1. Aufl. - Salzhausen : iskopress, 1998
ISBN 3-89403-608-7

Satz und Layout: E. Velina/Mathias Hütter
Umschlag: Mathias Hütter, Schwäbisch Gmünd
Druck: Runge, Cloppenburg

1. Auflage
ISBN 3-89403-608-7

Inhalt

Einleitung

Wir verbringen den größten Teil unseres Lebens im Energiefeld anderer Menschen. In unseren Institutionen sitzen wir neben unseren Kollegen; wir nehmen an Meetings und Konferenzen teil; wir gehen in der Firma herum, um unsere Mitarbeiter anzuregen bzw. um zu hören, wo sie der Schuh drückt; wir führen Krisengespräche; wir empfangen Kunden; wir geben Road Shows, um für unser Unternehmen zu werben. Wenn wir von der Arbeit nach Hause gehen, sind wir auch umgeben von Hunderten von Fremden in den öffentlichen Verkehrsmitteln oder auf der Straße. Und wenn wir nach Hause kommen, dann geraten wir in das Energiefeld unserer Kinder und Partner, die ebenfalls erwarten, daß wir für sie da sind.

Die meisten Menschen haben wenig Gelegenheit, sich in Ruhe und Einsamkeit zu regenerieren. Viele kommen gar nicht auf den Gedanken, daß etwas Einsamkeit die wirksamste Medizin ist, um unsere verbrauchte Energie zu erneuern.

Und weil die meisten von uns Tag und Nacht mit anderen Menschen zusammen sind, haben wir kaum eine Chance, unser individuelles Energiefeld zu erneuern. Jeder von uns ist ein Einzelwesen mit einer ganz speziellen Lebenskraft. Wenn wir nichts tun, um unsere Lebenskraft zu beschützen und zu regenerieren, dann werden wir im Laufe der Zeit verletzbar. Wir absorbieren mehr von der Energie anderer in unserer Umgebung, als uns guttut, und das hat nachteilige Auswirkungen auf unsere Gesundheit und auf unser emotionales und geistiges oder spirituelles Wohlbefinden. Wir werden reizbar, unkonzentriert, mißmutig, mit anderen Worten:

Wir entwickeln alle möglichen Streß-Symptome. Unsere Belastungen zeigen sich dadurch, daß wir kaum spontan reagieren, keine Lust zum Spielen haben und wenig lachen. Was können wir tun, um unser persönliches Energiefeld zu schützen und unsere Lebenskraft zu regenerieren? Die wichtigste Möglichkeit besteht darin, daß wir uns im Laufe des Tages ein paarmal den Luxus gestatten, Einsamkeit zu erleben. Gleich morgens können wir damit anfangen, ehe unser Tag zu hektisch wird. Wir können anfangen, aufmerksam zu atmen, unseren Körper zu spüren und bewußt zu bemerken, wie wir uns fühlen. Wir können unsere Stimmung registrieren, unsere Gedanken und Sorgen. Diese ruhige Konzentration auf Körper, Seele und Geist kann uns einen guten Start in den Tag geben. Später am Tag – entweder gegen Mittag oder am Nachmittag – können wir dasselbe machen, indem wir uns still hinsetzen oder eine Zeitlang in aller Ruhe herumwandern. Solche kleinen Zwischenstops geben uns Gelegenheit, unsere persönlichen Grenzen zu spüren und uns auf uns selbst zurückzuziehen. In diesen kurzen Pausen können wir uns etwas regenerieren. Ehe wir zu Bett gehen, können wir dasselbe machen und uns fragen: Wie fühle ich mich jetzt? Wie hat sich meine Stimmung im Laufe des Tages entwickelt? Welche Ereignisse und Menschen waren besonders anstrengend? Welche Begegnungen haben mich erfrischt?

Diese Pausen helfen uns, präsent zu sein. Wenn wir präsent sind, dann spüren wir uns selbst. Wir spüren unseren Körper; wir spüren unseren Atem; wir können unseren Atem tiefer und ruhiger machen; wir können uns entspannen und das Zusammenspiel zwischen Körper, Geist und Seele in eine neue Balance bringen.

In Kapitel 1 „Präsent sein" und in Kapitel 2 „Meditative Bewegung" habe ich kurze und längere Meditationen zusammengestellt, die uns helfen, diese heilsame Aufmerksamkeit zu entwickeln. In Kapitel 3 „Loslassen" finden wir Meditationen, mit denen wir üben können, in besonders schwierigen Situationen Konflikte zu entschärfen. Statt zu kämpfen, können wir eine ruhige Haltung einnehmen und uns auf unser eigenes Energiefeld zurückziehen. Das Kapitel 4 „Tiefe Regeneration" bringt Meditationen, die besonders geeignet sind, verbrauchte Energie zu erneuern und die eigene innere Balance wiederherzustellen. Kapitel 5 „Gesunde Grenzen" bringt dann Meditationen, die uns zeigen, wie wir uns schützen können und wie wir großen Energieverlusten vorbeugen können.

Emotionale Selbstverteidigung ist eine wichtige psychische und spirituelle Praxis. Sie hilft uns, unsere persönlichen Grenzen zu schützen und unsere Energie zu erneuern. Wenn wir gut für uns selbst sorgen, dann haben wir auch die innere Bereitschaft, auf andere einzugehen und großzügig und freundlich zu sein. Wir können dann besser zuhören und klarer kommunizieren; wir sehen unsere Ziele deutlicher; unser Wille wird stärker; unsere Kreativität kann sich entfalten; wir sind bereit, für die Interessen unseres Unternehmens und unserer Mitarbeiter einzutreten und unseren Kunden zu dienen. All das wird leichter möglich, wenn wir über die dafür benötigte Energie verfügen.

1. Präsent sein ermöglicht, kreativ zu sein

Unsere Kraft, Visionen zu entwickeln, Prioritäten zu setzen, Konflikte zu lösen, Entscheidungen zu treffen, all das kommt aus der Kunst, im Augenblick zu leben. Gleichwohl können wir immer wieder beobachten, daß wir den Kontakt zum Augenblick verlieren und daß wir vergessen, wo wir sind, in welchem Kontext wir operieren, was in uns vorgeht. Wenn sich diese Wolke des Vergessens über unser Leben ausbreitet, dann werden wir unsicher und wissen nicht, was wir tun sollen.

Die Wolke des Vergessens heißt, daß wir den Kontakt zu unserer Umgebung und zu uns selbst verlieren und damit auch den Kontakt zur Fülle unserer Möglichkeiten. Wenn wir nicht im Augenblick leben, dann verlieren wir unsere Spontaneität und unsere Lernfähigkeit und neigen dazu, uns wie Roboter zu verhalten. Wir denken und handeln nach alten Mustern, die sehr häufig längst überholt sind. Wenn wir den Kontakt zum Augenblick verlieren, verlieren wir auch den Kontakt zu unseren inneren schöpferischen Möglichkeiten, die dafür sorgen können, daß wir kreativ sind, lernen und wachsen. Wenn wir nicht aufpassen, dann leben wir wie in einem Traum, und unser Leben und Handeln nimmt den Charakter einer Illusion an. Viele verhängnisvolle Entscheidungen im Geschäftsleben können wir darauf zurückführen, daß die handelnden Personen befangen waren in illusionärem Denken; entsprechend unrealistisch und überspitzt war ihre Handlungsweise.

Wenn wir präsent sein wollen, dann müssen wir uns kleine Pausen gönnen, damit wir unsere aktuelle Situation bemerken können. Diese Pausen müssen lang genug sein, damit wir den Augenblick spüren können, damit unser Geist all die Möglichkeiten erkennen kann und auf diese Weise zu einem besseren Verständnis gelangt. Nur dann können wir die Wahrheit dieses Augenblicks erkennen, davon lernen und in eine gute Richtung weitergehen. Statt dessen sind wir in vielen Fällen innerlich mit der Vergangenheit beschäftigt, mit Ereignissen, die schon längst hinter uns liegen, oder wir operieren in einer Zukunft, die noch gar nicht da ist. Wir wünschen uns, irgendwo anders zu sein, wir hoffen auf eine Situation, wo die Umstände günstiger und glücklicher sind, wo sie so sind, wie wir es uns vorstellen. Meist sind wir uns nicht bewußt, daß wir die Gegenwart zugunsten von Vergangenheit oder Zukunft abwerten. Und natürlich bemerken wir dann auch viel zu wenig, was wir mit unserem Leben machen, wie wir uns selbst und andere behandeln, welche Auswirkungen unser Verhalten hat oder welche Konsequenzen unsere typische Art zu denken mit sich bringt.

Wenn wir nicht präsent sind, dann glauben wir allzu leicht, daß unsere individuellen Ideen und Meinungen richtig sind, daß sie die Wahrheit sagen über die Welt, über die anderen Menschen, über unser Unternehmen, über unsere Geschäftsfelder. Aber in den meisten Fällen ist das völlig unzutreffend. Für diese falschen Annahmen zahlen wir einen hohen Preis. Wenn wir nicht wissen, wo wir von Augenblick zu Augenblick sind, dann verlieren wir den Kontakt zu den vielen Möglichkeiten, die uns unser persönliches Leben und das Geschäftsleben bietet. Wir hüllen uns ein in ungeprüfte Gedanken, Ideen und Impulse, in denen es vor allem um die Vergangenheit und um die Zukunft geht, und verlieren den festen Boden unter den Füßen.

Die Meditationen dieses Buches können uns helfen, aus solchen Träumen aufzuwachen, ehe sie zu Alpträumen werden. Sie helfen uns, aufmerksam zu sein, die Gegenwart zu respektieren und ein feineres Gefühl für die wichtigen Zusammenhänge der Dinge zu entwickeln. Wenn wir präsent sind, dann haben wir eine Chance, unsere eigenen Vorurteile deutlicher zu bemerken und all die Verstrickungen, in die uns unsere Vorlieben und Abneigungen treiben.

Diese Meditationen sind ein einfaches Hilfsmittel, um uns selbst, unsere Gefühle, unsere Gedanken und unseren Körper besser kennenzulernen. Sie helfen uns zu entdecken, daß wir bei allem, was wir tun, auf einem Pfad sind, der unser Leben ist. Sie helfen uns, die Richtung dieses Pfades besser zu erkennen. Alles, was wir jetzt tun, beeinflußt das, was als Nächstes geschehen wird.

Niemand kann uns die Aufgabe abnehmen, wach zu werden. Auch wenn unsere Mitarbeiter oder Vorgesetzten, Familie und Freunde manchmal große Anstrengung unternehmen, zu uns vorzudringen, so sind wir oft so blind oder so taub, daß wir gar nicht bemerken, was andere von uns erwarten, welche Wünsche sie an uns haben oder welche Warnungen sie aussprechen.

Wenn es uns gelingt, präsent und wach zu sein, dann geschieht ein kleines Wunder. Wir lösen uns aus den Verstrickungen von Zukunft und Vergangenheit und bemerken, daß wir lebendig sind. Wir entspannen uns und können den gegenwärtigen Augenblick unseres Lebens genießen, und damit werden wir auch wieder kontaktfähig. Wir können andere klar wahrnehmen und auf sie eingehen; wir wissen, wann es an der Zeit ist, daß wir einen Kontakt abbrechen, um uns zu regenerieren.

Wenn wir präsent sind, können wir eine gute persönliche „Energie-Politik" betreiben, und wir sind auch bereit, die Bedürfnisse anderer nach Kontakt und Rückzug zu respektieren.

Die hier zusammengestellten Meditationen geben einen verhältnismäßig schnellen und leichten Zugang zu jenen Qualitäten, die auch in der formellen meditativen Praxis angestrebt werden. Sie sind bestimmt für Menschen, die unter dem normalen Alltagsstreß leiden und die keine große Neigung haben, an strukturierten

Meditationen teilzunehmen. Es ist ausreichend, daß sie neugierig sind, wie sie ihr eigenes Leben bereichern können, daß sie Lust haben, sich selbst besser kennenzulernen und bessere Beziehungen zu anderen zu pflegen. Diese Meditationen können eine Menge bewirken: etwas mehr Großzügigkeit, etwas mehr Selbstachtung, etwas mehr Freundlichkeit sich selbst gegenüber und etwas mehr Offenheit für all das, was in unserem Leben möglich ist.

2. Wie Sie mit diesen Meditationen arbeiten können

Jeder kann mit diesen Meditationen ganz privat arbeiten, indem er den Partner oder einen Freund bittet, den Text langsam vorzulesen. Eine andere Möglichkeit ist es, den Text auf Band zu sprechen und sich von der eigenen Stimme leiten zu lassen.

Vor allem sind diese Meditationen aber für Seminare und Workshops gedacht, in denen es auch um die persönliche Entwicklung der Teilnehmer geht. Sie können die Gruppenarbeit am Morgen damit beginnen und im Laufe des Tages mit ihnen für kleine Inseln der Ruhe sorgen.

Bei allen Meditationen geht es um die Anregung der rechten Hemisphäre unseres Gehirns und um das Wachstum des Selbst.

Die meisten Meditationen wenden sich zunächst an den Geist der Teilnehmer, insbesondere an ihre Intuition. Dann wird der physische Teil des Selbst angesprochen, insbesondere das Atmen. Ich fordere zu bewußtem Atmen auf und mache Vorschläge zur Entspannung. Die Teilnehmer können lernen, bewußt zu atmen, sich zu entspannen und das damit verbundene Gefühl der Stärke zu genießen. Bewußtes Atmen und Entspannung helfen den Teilnehmern, innere Ruhe zu entwickeln und die eigene Körpersphäre sowie ihre Gedanken und Gefühle deutlicher wahrzunehmen. Diese Wahrnehmung bewirkt eine Integration vorher getrennter Komponenten und gibt uns ein Gefühl der Kraft.

Im Fortgang der Meditation schließen sich dann oft positive Gedanken über das eigene Selbst an, so daß die Selbstachtung des Meditierenden wachsen kann. Das bewußte Erlebnis des Atmens und der Entspannung führt ganz automatisch zu einer positiven

Selbstwahrnehmung. Wir verbinden die wichtigsten Ressourcen unserer Teilnehmer, ihre Gefühle, ihre Körperwahrnehmung, ihre Atmung und ihre Entspannungsmöglichkeiten und ermöglichen es ihnen, auf diese Weise Zugang zu ihren Entwicklungsmöglichkeiten zu finden. Das Erlebnis der Integration reduziert ihre Angst vor Veränderung. Die Fähigkeit, präsent zu sein, ist eine Vorbereitung für diese Integration: Ich kann mich selbst als wertvoll erleben; ich kann Vertrauen in meine Möglichkeiten haben; ich fühle mich sicher in der Welt; ich kann alle meine Fähigkeiten nutzen.

Besonders die Meditationen in Kapitel 3 zeigen uns, wie wir loslassen können. Wir müssen nichts überwinden, wir müssen nichts bekämpfen, nichts abschneiden, sondern wir dürfen alles, was wir nicht mehr gebrauchen können, freundlich verabschieden.

Die Meditationen wenden sich an den intuitiven Teil unserer Person, wo Denken und Fühlen dicht beieinander sind. Obgleich wir Gedanken und Überlegungen benutzen, führen diese Meditationen nicht zu einem intellektuellen Prozeß, sondern sie sprechen eher unsere emotionale Intelligenz an.

Darum ist es auch wichtig, daß Sie diese Meditationen mit einer liebevollen Einstellung vortragen. Es ist wichtig, daß die Teilnehmer spüren, daß sie von Ihnen respektiert werden und daß Sie felsenfest davon überzeugt sind, daß jeder wachsen und sich weiterentwickeln kann. Diese Haltung wird von den Teilnehmern empfunden und gibt das notwendige Gefühl von Sicherheit, so daß sie sich auf die in den Meditationen enthaltenen Botschaften einlassen können.

Ehe Sie eine Meditation anleiten, bereiten Sie sich am besten innerlich darauf vor, daß Sie in einem Zustand innerer Ausgeglichenheit und Zuwendung sind, sonst bedeuten diese Meditationen nur Worte, Anweisungen und Bilder. Beginnen Sie damit, sich selbst zu entspannen. Geben Sie sich die Erlaubnis, selbst in eine meditative Stimmung zu gehen, indem Sie sich mit Ihrer eigenen inneren Lebenskraft, mit Ihrem eigenen inneren Zentrum verbinden.

Manchmal ist es gut, daß Sie erklären, warum Sie die Gruppe zu einer Meditation einladen wollen. Sie können den Teilnehmern

z. B. sagen, daß eine Meditation ihnen das Gefühl geben kann, sich selbst völlig zu spüren, ganz ruhig und entspannt zu sein und sich völlig sicher zu fühlen. Sie können auch fragen, wie oft die Teilnehmer dieses Erlebnis hatten und wann zum letzten Mal. Dann können Sie sie einladen, diese Meditation auszuprobieren.

Manchmal können Sie eine Meditation auch dadurch einleiten, daß Sie über das Zusammenspiel der beiden Hemisphären unseres Gehirns sprechen, über unsere kognitiven und intuitiven Fähigkeiten. Sie können darauf hinweisen, daß alle neuen Dinge in unserer Intuition entstehen und daß eine Meditation helfen kann, Zugang zu dieser Quelle zu finden.

Die meisten Teilnehmer haben, wie wir selbst, Schwierigkeiten, ihr gesamtes Potential zu benutzen. Teile dieses Potentials sind abgetrennt oder gelähmt, und wir wollen ihnen helfen, Zugang zu ihren Ressourcen zu finden und all ihre Lebensenergie zu benutzen. Die Meditationen berühren verschlossene Türen und helfen, sie zu öffnen. Darüber hinaus stellen sie eine Verbindung zur Welt und zum Leben überhaupt her und betonen den positiven Kontakt zum Universum, in dem wir leben.

Bei den meisten Meditationen schlagen wir vor, daß die Teilnehmer dabei sitzen. Das erfordert die wenigsten Umstellungen im Raum und wirkt für noch ungeübte Teilnehmer nicht so befremdlich. Natürlich können die meisten dieser Meditationen ebensogut im Liegen gemacht werden. Eine besondere Bedeutung haben die Bewegungsmeditationen. Sie kommen den Teilnehmern entgegen, die unruhig sind und die sich besser konzentrieren können, wenn sie sich dabei bewegen können. In der Tat kann man sagen, daß diese Meditationen eine höchst nützliche und angenehme Weise darstellen, wie wir präsent werden können.

Bei den meisten Meditationen fordern wir die Teilnehmer auf, ihre Augen zu schließen, damit sie besser in der Lage sind, den Zusammenhang zwischen Gedanken, Gefühlen und Körperreaktionen zu verstehen. Aber es gibt manchmal Teilnehmer, für die es passend ist, daß sie bei einer Meditation z. B. malen können. Vielleicht können Sie diese Bedürfnisse berücksichtigen.

Und manchen Leuten geht es so, daß sie bei den Meditationen gern Musik hören. Musik besteht aus Schwingungen, und wenn Sie Musik benutzen, die positive Schwingungen hat, dann kann sie den Teilnehmern helfen, sich zu öffnen und sich intensiver zu spüren. Musik kann auf schöne Weise dabei helfen, daß das Leben der Teilnehmer ebenfalls eine neue Stimme und einen neuen Ausdruck findet.

In den letzten Jahren ist für viele Manager und Mitarbeiter unserer Unternehmen der Leistungsdruck angestiegen. Wir beobachten viel Tatkraft und Phantasie, aber auch negative Dinge – Streß, Unruhe und Konkurrenzverhalten. Zu einem Teil haben diese negativen Dinge ihre Ursache in den neuen Belastungen, zu einem Teil hängen sie auch mit unserer Kultur zusammen, die Effizienz, persönliche Profilierung und Profitstreben an die Spitze der Werteskala stellt. Ich persönlich neige dazu, viele negative Verhaltensweisen der Teilnehmer darauf zurückzuführen, daß sie hungrig und verletzt sind. Sie sind auf vielen verschiedenen Ebenen hungrig: hungrig nach Anerkennung, hungrig nach Liebe, hungrig nach Anregung, hungrig nach Ruhe, hungrig, gesehen und gehört zu werden; vor allem aber sind sie hungrig nach Integration, nach Kongruenz und Verbindung.

Verletzungen erfahren wir schon in unserer Kindheit: Wir müssen zuviel gehorchen oder zuwenig, wir bekommen zuviel Liebe oder zuwenig, wir haben zuwenig Zeit, um wirklich langsam durch unsere Kindheit zu gehen. Um diese Wunden zu heilen, müssen wir lernen, uns selbst zu spüren und fest mit unseren Füßen auf der Erde zu stehen.

Die Meditationen dieses Bandes können uns allen helfen, unsere Lebenskraft zu regenerieren und unsere Intuition für unsere persönliche Entwicklung und zur Entwicklung von Selbstachtung und Freundlichkeit zu nutzen.

Kapitel 1

PRÄSENT SEIN

Eine Blume sehen

Wer erfolgreich führen möchte, benötigt drei persönliche Qualitäten: die Fähigkeit, präsent zu sein; die Fähigkeit zu kommunizieren und die Fähigkeit, einen klaren Standpunkt einzunehmen.

Wir alle kennen Führungskräfte, die nicht präsent sind. Sie verbergen sich in ihrem Büro, betreiben die Politik der geschlossenen Tür und lassen Besucher ein kompliziertes Ritual der Annäherung durchlaufen. Zum Glück ist diese leicht erkennbare Form des Nicht-präsent-Seins heute weniger zu beobachten. Viel häufiger kennen wir jedoch die innere Abwesenheit. Wir sprechen mit Menschen, die nur zu einem Teil anwesend zu sein scheinen und irgendwie verborgen sind in einem unsichtbaren Nebel von Gedanken, Gefühlen und Träumen. Sie sind anwesend, als ob sie nicht ganz da sind. Wir spüren ihre Energie nicht und wir haben entsprechende Schwierigkeiten, mit ihnen zu kommunizieren.

Wenn jemand vollständig präsent ist, dann spüren wir die vier wesentlichen Intelligenzen dieses Menschen: die mentale, emotionale, spirituelle und die physische. Wir fühlen uns von der Präsenz eines solchen Menschen belebt und magnetisch angezogen. Wir genießen den Kontakt, noch ehe wir ein Wort zu ihm gesagt haben. Wir erleben, daß wir mit unseren Gedanken und mit unserer Persönlichkeit willkommen sind.

Die Vitalität jedes Unternehmens hängt davon ab, daß es genügend Mitarbeiter und Führungskräfte gibt, die diese Fähigkeit der Präsenz besitzen, und wir alle können diese Qualität in uns kultivieren. Dazu müssen wir nur einen kleinen Schritt machen: Wir müssen nur in den gegenwärtigen Augenblick hineintreten und wach und aufmerksam werden. Wenn wir mit unseren Gedanken in der Zukunft oder in der Vergangenheit sind, dann können wir nicht anwesend sein. Anwesend sein heißt, Kontakt herstellen zu unserer eigenen Person, zu den Menschen, mit denen wir in diesem Augenblick zu tun haben.

Wenn wir Kontakt herstellen wollen, müssen wir unsere Sinne benutzen, z. B. unsere Augen. Mit unseren Augen zeigen wir anderen, ob wir wirklich präsent sind. Wir können durch sie hindurchsehen, wir können sie übersehen oder wir können sie mit unseren Augen wie ein Memorandum behandeln, das wir gerade lesen. In diesen Fällen haben wir nur einen sehr reduzierten und kalten Kontakt. Wir können unsere Augen aber auch ganz anders benutzen und guten Kontakt herstellen, indem wir z. B. unserem Interaktionspartner in die Augen schauen. Dann wird der Kontakt interessanter. Die andere Person wird lebendig für uns, und wir geben ein Signal, daß wir selbst präsent sind. Wir sagen mit unseren Augen: „Du bist mir willkommen."

Ich möchte euch eine Zen-Geschichte erzählen:

Eines Tages besuchte Buddha eine große Versammlung von Mönchen und Nonnen. Er hielt eine einzelne Blume in der Hand. Eine ganze Zeitlang sprach Buddha kein einziges Wort. Anscheinend dachten alle darüber nach, welche Bedeutung diese Geste Buddhas hatte.

Plötzlich lächelte Buddha. Er lächelte, weil ein einzelner Mönch in der Versammlung ihm und der Blume zugelächelt hatte. Dieser Mönch trug den Namen Mahakashyapa. Er war der einzige in der Versammlung, der lächelte, und Buddha lächelte zurück und sagte: „Ich habe eine wertvolle Einsicht und ich habe sie Mahakashyapa übermittelt."

Über diese alte Geschichte haben viele Generationen von Zen-Schülern nachgedacht, und auch heute noch wird ihre Bedeutung erforscht. Dabei ist es nicht schwierig, den Sinn dieser Geschichte zu erfassen. Wenn jemand eine Blume hochhält und sie dir zeigt, dann möchte er, daß du diese Blume siehst. Wenn du aber darüber nachdenkst, dann verfehlst du die Blume. Der

Mönch, der nicht nachdachte, sondern ganz natürlich antwortete, war in der Lage, der Blume Buddhas zu begegnen, und er lächelte.

Und vor ähnlichen Herausforderungen stehen wir selbst immer wieder in unserem Leben. Wenn wir nicht präsent sind, wenn wir nicht mit unserer Aufmerksamkeit anwesend sind, dann verfehlen wir alles. Wenn ein Mitarbeiter zu dir kommt und dich anlächelt, dann möchte er wirklich bemerkt werden. Wenn du aber nicht „anwesend" bist, weil du über die Zukunft oder über die Vergangenheit nachdenkst oder weil du dich mit irgendeinem Problem beschäftigst, dann existiert der Mitarbeiter für dich nicht. Wenn du lebendig sein möchtest, dann mußt du präsent sein, und wenn du präsent bist, dann wirst du den Mitarbeiter bemerken. Du wirst sehen, wie er lächelt, und du kannst zurücklächeln.

Wir alle können versuchen, präsent zu sein, aufmerksam hinzusehen und dem Leben zu begegnen, wenn wir morgens in den Frühstücksraum gehen, wenn wir uns hinsetzen, unseren Tee oder Kaffee trinken, wenn wir in diesen Raum kommen und den anderen Gruppenmitgliedern begegnen. Das Geheimnis ist ganz einfach: Wir gestatten uns, da zu sein, und begegnen dem Leben in diesem Augenblick.

Und ich möchte euch dazu einladen, das für ein paar Minuten zu praktizieren.

Steh bitte auf und geh langsam und aufmerksam durch den Raum. Wenn du einem Gruppenmitglied begegnest, dann zeige ihm, daß du wirklich anwesend bist, und schenke ihm ein kleines Lächeln. (2 Minuten)

Aufmerksam werden

Unsere Arbeit verlangt häufig, daß wir die Vergangenheit analysieren oder uns Strategien für die Zukunft überlegen. Gerade wenn wir Wert darauf legen, daß unsere Analysen objektiv und unsere Pläne kreativ sein mögen, müssen wir dafür sorgen, daß wir aufmerksam und wach sind. Wir haben einen guten Verbündeten, der uns helfen kann, einen klaren Fokus für unser Bewußtsein zu finden, und das ist unser Atem. Der Atem kann ein echter Bundesgenosse für uns sein. Wenn wir auf unseren Atem achten, dann erinnern wir uns daran, daß wir jetzt hier sind. Wir können ganz wach werden und bemerken, was geschieht, in uns und in unserer Umgebung.

Unser Atem kann uns helfen, den Augenblick bewußt zu erleben. Es ist überraschend, daß viele Menschen das nicht wissen, denn schließlich ist unser Atem immer bei uns, gleich unter unserer Nasenspitze. Aber manchmal ahnen wir diesen Zusammenhang. Dann sagen wir vielleicht: Es hat mir den Atem verschlagen... Da stockt mir der Atem... Ich komme kaum zu Atem... Solche Sätze geben uns den Hinweis, daß es einen interessanten Zusammenhang zwischen unserem Atem und dem Augenblick gibt.

Wenn wir aufmerksam und konzentriert sein wollen, dann genügt es, wenn wir unseren Atem bemerken... und daß wir spüren, wie der Atem in unseren Körper hineinströmt... daß wir fühlen, wie der Atem unseren Körper wieder verläßt... Das ist alles. Einfach bemerken, wie wir atmen... atmen und wissen, daß wir atmen... Es ist noch nicht einmal notwendig, daß wir tief atmen, daß wir unseren Atem verändern, daß wir irgend etwas Besonderes empfinden oder darüber nachdenken, ob wir richtig atmen. Es ist auch nicht nötig, daß wir über unseren Atem nachdenken. Um aufmerksam zu werden, reicht es vollständig aus, daß wir bemerken, wie unser Atem kommt und wie er geht.

Dafür müssen wir uns nicht lange Zeit nehmen. Wir brauchen überhaupt keine Zeit dafür, wir müssen unsere Aufmerksamkeit nur auf unseren Atem richten. Aber dann warten große Abenteuer auf uns, wenn wir uns die Erlaubnis geben, kleine Inseln der Aufmerksamkeit zu bilden, von einem Atemzug zum nächsten, von Augenblick zu Augenblick.

Und das kannst du jetzt eine Minute lang üben. Bemerke, wie du einatmest, bemerke die kleine Pause und bemerke, wie du wieder ausatmest. Gestatte dir in diesem Augenblick, nur für diesen Atemzug jetzt, deinen Geist offen und frei zu halten. Du mußt dabei keine Ziele haben und du mußt nicht erwarten, daß irgend etwas Besonderes passiert. Kehre einfach zu deinem Atem zurück, wenn dein Geist wandert, und verbinde diese kleinen Inseln der Aufmerksamkeit miteinander, von einem Atemzug zum nächsten. Bemerke einfach, daß du atmest und daß du lebendig bist.

Und das kannst du im Laufe eines Tages immer wieder probieren. Es ist die einfachste Möglichkeit, die Übersicht zu behalten und mit beiden Beinen fest auf der Erde zu stehen.

Weisheit des Körpers

Beginne diese Meditation, indem du einfach auf deinen Atem achtest. Bemerke den natürlichen Rhythmus, mit dem die Luft in deine Lungen strömt und sie wieder verläßt. Bemerke die Temperatur der Luft, wenn sie durch deine Nase hereinströmt und wenn sie deine Nase wieder verläßt. Bemerkst du, daß sich die Luft beim Ausatmen wärmer anfühlt und kälter beim Einatmen?

Und nun kannst du über die erstaunliche Weisheit deines Körpers nachdenken, mit der er die Luft benutzt, die dich umgibt. Dein Körper weiß, wie er die Luft hereinholen kann, wie er den Sauerstoff aus der Luft holen muß, den du brauchst, um jede Zelle deines Körpers lebendig zu halten, und wie er das Kohlendioxyd ausatmen muß, das er nicht gebrauchen kann. Nun kannst du daran denken, daß alle Pflanzen Sauerstoff abgeben in die Luft, die du einatmest, und beim Ausatmen revanchierst du dich, indem du jenes Kohlendioxyd abgibst, das die Pflanzen zu ihrer Ernährung brauchen.

Stell dir vor, daß die Luft, die du in diesem Augenblick einatmest, vielleicht schon viele Male um die Erde gekreist ist, um in diesem Augenblick in deiner Nase anzukommen. Wie viele andere Lebewesen haben vor dir diese Luft schon eingeatmet? Wie viele andere werden sie nach dir einatmen, wenn du sie ausgeatmet hast?

Die Luft, die wir atmen, gehört allen Lebewesen, und die Luft verbindet uns mit allem, was lebt. Indem wir atmen, nehmen wir am Leben teil und tragen selbst zum Leben um uns herum bei.

Laß dir ein wenig Zeit, um deinen Atem zu begleiten. Vielleicht empfindest du so etwas wie Dankbarkeit gegenüber der

Natur und ihrer Weisheit, die diesen Kreislauf geschaffen hat zwischen Menschen, Tieren und der Vegetation der Erde. Nur gemeinsam können wir überleben.

Denke einen Augenblick an die großen Winde, die die Luft um unseren Planeten ständig kreisen lassen. Sie sorgen dafür, daß wir alle genug frische Luft atmen können.

Gestatte dir auch gemischte Gefühle bei dieser Meditation über die Luft, die wir atmen, und sei dir auch der Verantwortung bewußt, die wir alle für dieses Wunder der Natur tragen.

Hoffnung als Hindernis

Wir alle geben der Hoffnung einen hohen Stellenwert. Wir hoffen, daß die Kurse an der Börse weiter steigen; wir hoffen, daß unser Unternehmen Marktanteile verteidigen oder gewinnen wird; wir hoffen, daß unsere Forscher nützliche Dinge erfinden oder daß wir unsere Kunden zufriedenstellen können. Und auch in unserem persönlichen Leben ist Hoffnung wichtig, weil sie uns hilft, Schwierigkeiten besser auszuhalten. Wenn wir glauben, daß es uns morgen besser geht, dann können wir die Last dieses Tages besser ertragen.

Aber wenn wir tiefer über die Bedeutung der Hoffnung nachdenken, dann können wir darin auch etwas Tragisches entdecken: Wir klammern uns so sehr an Hoffnungen und an die Zukunft und versäumen allzu leicht, unsere Energie und unsere Fähigkeiten auf den Augenblick zu konzentrieren. Wir benutzen die Hoffnung, um daran zu glauben, daß die Zukunft besser wird, daß die Welt besser wird und daß wir selbst glücklicher werden. Zuviel Hoffnung kann ein Hindernis für uns sein. Wenn wir weniger hoffen und weniger in der Zukunft leben, dann können wir besser präsent sein und all die guten Dinge bemerken, die schon da sind.

Niemand schenkt uns Optimismus, Frieden und Freude. Die Quelle liegt in uns selbst, und wenn wir tief genug graben, indem wir präsent sind, dann kann diese Quelle sprudeln. Wir müssen im Augenblick leben, um lebendig sein zu können. Und im Augenblick leben können wir nur, wenn wir wach werden, sonst entgleiten uns ganze Tage, vielleicht sogar ein ganzes Leben.

Was also können wir tun? Wir können die Menschen, mit

denen wir zusammen sind, anschauen und uns gleichzeitig fragen, ob wir sie wirklich sehen oder ob wir nur wissen, was wir über sie denken. Manchmal funktionieren unsere Gedanken wie eine Traumbrille. Wenn wir sie aufgesetzt haben, dann sehen wir einen Traumjob, Traumkollegen, Traumpartner und Traumfreunde. Es ist sogar möglich, daß wir in einer Traumgegenwart leben, weil wir uns so sehr eine Traumzukunft erhoffen. Ohne es zu wissen, sehen wir alles durch unsere Traumbrille, in falschen Farben und in falschen Proportionen. Und auch wenn sich die Dinge in unseren Träumen verändern und uns die Illusion geben, daß sie lebendig und real sind, sind wir immer noch in einem Traum gefangen. Nur wenn wir die Brille absetzen, sind wir vielleicht in der Lage, etwas genauer hinzusehen und zu bemerken, was tatsächlich da ist. Du kannst dir helfen, indem du dich von Zeit zu Zeit ganz einfach fragst: Bin ich jetzt wach?

Tief atmen

Was passiert, wenn wir bei einer Konfrontation mit unserem Partner oder unseren heranwachsenden Kindern versuchen, nicht aus der Haut zu fahren? Vielleicht bemerken wir es nicht, aber wir fangen an, ganz flach zu atmen. Was passiert, wenn wir von einer Autoritätsperson angegriffen und verletzt werden? Wir halten die Luft an. Was passiert, wenn wir uns unter Druck fühlen und versuchen, in kurzer Zeit eine umfangreiche Arbeit zu bewältigen? Auch dann greifen wir zu dem bewährten Hilfsmittel, flach zu atmen. In unserer Kultur haben wir schon sehr früh gelernt, starke Gefühle und Impulse zurückzuhalten, um besser mit anderen auszukommen. Wir wollen unseren Partner nicht verletzen, wir wollen unseren Chef nicht beleidigen, wir wollen uns vor unseren Kollegen keine Blöße geben. Und unsere Biologie sagt uns, daß es nur einen wirklich zuverlässigen Weg gibt, starke Gefühle einzudämmen: indem wir möglichst flach atmen. Dann sind wir in der Lage, unsere Gefühle hinter der Wand unserer Brust zu verbergen. Im Laufe der Zeit gewöhnen wir uns an, in Streßsituationen flach zu atmen. Wir bemerken gar nicht, daß wir das tun. Dann wird unsere normale Atmung ernsthaft gestört. Wir praktizieren flache Brustatmung anstelle tiefer Bauchatmung. Was ist der Unterschied zwischen Brust- und Bauchatmung? Wenn wir die flache Brustatmung praktizieren, dann bewegt sich unser Zwerchfell nicht. Eigentlich müßte es sich senken, damit sich unsere Lungen mit Luft und dem lebenspendenden Sauerstoff füllen können. Und vor allem die Lungenhörner, die unteren Teile der Lunge, wo die meisten kleinen Blutgefäße sind, bekommen zu wenig Luft. Wenn wir zu wenig

Sauerstoff bekommen, dann versucht unser Körper, sich anders zu helfen: Unser Herz muß häufiger schlagen und der Blutdruck kann ansteigen als Ausgleich für die schlechte Sauerstoffversorgung. Aber es gibt auch eine psychologische Auswirkung. Die flache Atmung und die geringe Sauerstoffversorgung verstärken in uns ein Gefühl des Unbehagens oder sogar der Angst. Wenn wir dieses Signal beachten und nach Dingen suchen, die uns Sorgen machen, dann finden wir meistens auch irgend etwas.

Darum ist es wichtig, daß wir ganz bewußt von Zeit zu Zeit die tiefe Bauchatmung üben. Dann können wir uns reichlich mit Sauerstoff versorgen, und es bleiben auch keine Reste von Kohlendioxyd in unserer Lunge. Unser Herz muß keine Extra-Arbeit leisten, und unser Blutdruck bleibt stabil. Und natürlich hat auch diese Art zu atmen eine wichtige psychologische Konsequenz: Wir fühlen uns ruhiger und entspannter, wacher und optimistischer. Es ist so, als ob aller Streß von uns abfällt.

Jetzt ist eine gute Gelegenheit, daß du dir ein wenig Zeit nimmst und deine eigene Art zu atmen beobachtest. Lege einfach eine Hand auf deine Brust und eine Hand auf deinen Bauch. Beobachte, welche Hand sich am stärksten bewegt. Verändere zunächst gar nichts und bemerke nur, wie du atmest. Bemerke deinen Atem in deiner Nase... Bemerke das Einatmen und das Ausatmen... Bemerke, ob du Unterschiede spüren kannst zwischen der linken und der rechten Seite der Nase... Und versuche nicht, deinen Atem in irgendeiner Weise zu beeinflussen. Beobachte einfach... (3 Minuten)

Nun stell dir vor, daß du durch deinen Nabel einatmest und daß der Atem von hier in den Körper hereinströmt bis zu deiner Kehle, und daß er beim Ausatmen wieder hinabströmt bis in deinen Bauch und durch deinen Nabel deinen Körper verläßt. Stell dir dies bei jedem Atemzug vor, aber versuche nicht, deinen Atem zu beeinflussen. Vielleicht sind deine Atemzüge unterschiedlich lang und unterschiedlich tief. Das ist völlig in Ordnung. Und wenn dein Atem durch deinen Nabel hereinkommt und hinausströmt, dann kannst du dir vorstellen, daß er sich so bewegt wie die Wellen an der Küste, die den Strand hinaufrollen und wieder ins Meer zurückfließen... durch den Nabel herein und durch den Nabel wieder hinaus... ganz sanft und friedlich, wie die Wellen der Brandung...

Du kannst diese ruhige Art zu atmen weiter praktizieren und bemerken, daß dein Atem von selbst ohne Anstrengung tiefer, sanfter und ruhiger wird. Gleichzeitig wirst du bemerken, daß du dich auf diese Weise entspannst und vielleicht sogar ein wenig schläfrig wirst. Auch das ist ganz natürlich. Auf diese Weise gibst du dir selbst Gelegenheit zu einer erfrischenden Pause, und du wirst anschließend bemerken, daß du über neue Energie verfügst und dich unternehmungslustig fühlst.

Der Kieselstein

Beginne diese Meditation, indem du ganz ruhig dasitzt und atmest. Vielleicht möchtest du deine Augen schließen, jetzt oder etwas später.

Stell dir vor, daß du ein Kieselstein bist, der in das Wasser eines klaren Teiches fällt. Du sinkst langsam hinab und läßt dich überraschen, wo du zur Ruhe kommst. Du findest einen Platz auf dem sandigen Grund, wo du liegenbleibst: ein Kieselstein, gebettet auf feinem Sand... Sieh dieses Bild vor dir, während du deinen Atem beobachtest: einatmen und ausatmen... Genieße diese Ruhe und diese Stille... Kein Gedanke an die Vergangenheit oder an die Zukunft kann diesen Frieden stören... Kein Wunsch kann dich weglocken aus dieser zeitlosen Ruhe... Du bist ganz einfach da, ein kleiner Kieselstein in der Stille des Wassers... (5 Minuten)

Innerer Friede

Ich möchte euch eine Geschichte erzählen:

In alten Zeiten lebte ein frommer Mann. Jeden Tag betete er zu Gott, und seine Gebete wurden sogleich beantwortet. Aber je mehr Menschen es auf der Erde gab, desto mehr hatte Gott zu tun. Und Gott bemerkte seine Überlastung und wollte Abhilfe schaffen. Darum sprach er zu dem frommen Mann: „Du bist mein treuer Diener, aber ich habe nicht mehr genügend Zeit, um deine Gebete jeden Tag zu beantworten. Deshalb will ich dir ein Angebot machen, das dich entschädigen soll. Ich gewähre dir drei Wünsche."

Der Mann ging nach Hause und erzählte seiner Frau von den drei Wünschen. Sie wurde ganz aufgeregt. Sie wollte endlich ein neues Haus, neue Kleider, und außerdem sollte der Mann endlich seinen Teil an der Hausarbeit übernehmen. Tag und Nacht bestürmte sie ihren Mann mit ihren Vorschlägen, bis er die Nerven verlor: „Ich wünschte, du wärst weit weg." Dieser erste Wunsch ging in Erfüllung – die Frau starb plötzlich. Bei der Beerdigung bedauerte der Mann seine Worte. Manchmal ging ihm seine Frau auf die Nerven, aber in Wahrheit liebte er sie sehr. Als der Sarg in das Grab hinabgelassen wurde, sagte er: „Ich wünsche mir, daß meine liebe Frau wieder zurückkommt." Und sogleich war sie wieder da und stand an seiner Seite. Jetzt hatte der Mann zwei von seinen drei Wünschen aufgebraucht.

Weil er nur noch einen Wunsch übrighatte, wollte der Mann ganz sicher gehen. Er rief alle seine Freunde zusammen, um sich mit ihnen zu beraten: „Was soll ich mit diesem letzten Wunsch anfangen?" Ein Freund gab ihm den Rat, sich Geld zu wünschen: „Mit Geld kannst du dir alles kaufen." Aber der Mann war anderer Meinung: „Geld gibt dir keine Gesundheit oder eine glückliche Ehe oder ein gutes Familienleben. Es garantiert gar nichts, was das Auge nicht sehen kann." Daraufhin riet ein anderer Freund dem Mann, er solle sich doch immerwährende Gesundheit wünschen. „Gute Gesundheit ist etwas Wunderbares", antwortete der Mann, „aber sie bringt dir kein Essen auf den Tisch."

Andere Freunde hatten andere Vorschläge, aber an allen Vorschlägen hatte der Mann etwas auszusetzen. Am Ende wandte er sich an Gott und bat ihn um Rat: „Du weißt, daß ich noch einen Wunsch habe. Was soll ich mir wünschen?"

Gott antwortete ganz einfach: „Wünsche dir inneren Frieden. Vielleicht wirst du in deinem Leben arm oder reich sein, vielleicht wirst du gesund oder krank sein, vielleicht hast du Erfolg in deinen Geschäften oder Mißerfolg, aber wenn du inneren Frieden hast, dann hast du alles." Und der Mann war weise und befolgte Gottes Rat.

INNEHALTEN

Manche Leute denken, daß Meditation eine besondere Tätigkeit ist, aber das ist nicht ganz richtig. Meditation ist ganz einfach. Man könnte auch sagen: „Tu gar nichts, sitz einfach da." Aber genaugenommen geht es bei der Meditation auch nicht um das stille Sitzen. Es geht darum, daß wir innehalten und präsent sind. Den größten Teil des Tages sind wir beschäftigt: Wir studieren Papiere, wir nehmen an Konferenzen teil, wir laufen herum und sprechen mit unseren Mitarbeitern. – Bist du in der Lage, diese Aktivitäten des Alltags zu unterbrechen? Nur für einen kurzen Augenblick? Könnte das jetzt sein? Was würde passieren, wenn du das tust? Wenn du das tust, dann schaltest du sozusagen in einen anderen Gang. Du agierst nicht mehr, sondern du existierst, vielleicht nur für eine kurze Weile. Wenn du existierst, dann bleibt die Zeit für dich stehen. Beobachte einfach diesen Augenblick, ohne daß du den Versuch machst, irgend etwas zu verändern. Was geschieht dann? Was fühlst du? Was hörst du? Wenn du deine Aktivität unterbrichst, dann bist du plötzlich präsent, alles wird ganz einfach, du wirst ein Beobachter, du hast Abstand, du bist frei – ungefähr so frei, wie wenn du allein Urlaub machst. In diesem Augenblick hast du keine Pflichten, du bist nicht verantwortlich, du mußt nicht telefonieren, du mußt keine Papiere lesen und keine Anweisungen geben. Du bist einfach anwesend. Das bedeutet, daß du lebendiger wirst. Du kannst bemerken, daß du viel aufmerksamer siehst und hörst. Du kannst deinen Körper spüren, du kannst deine Gefühle und deine Stimmungen bemerken. All die Dinge, die dir sonst Sorgen machen, rücken weiter weg. Du kannst sie objektiver betrachten und du kannst die Dinge besser beurteilen.

Du kannst im Verlaufe eines Tages von Zeit zu Zeit folgendes tun: Einfach innehalten und bemerken, wie du atmest. Vielleicht läßt du dir dafür fünf Minuten Zeit oder aber nur fünf Sekunden. Du schaust nicht auf die Uhr, statt dessen konzentrierst du dich nur auf den Augenblick und bemerkst, wie du dich fühlst und was in dir vorgeht. Du mußt gar nichts verändern. Du atmest einfach und gibst dir die Erlaubnis, in diesem Augenblick einfach da zu sein, genauso wie du bist. Und wenn du genug Atem geschöpft hast, dann kannst du wieder aktiv werden und mit Entschiedenheit deine Ziele verfolgen.

Klar sehen

Manchmal haben wir den Wunsch, die Übersicht zu gewinnen. Wir möchten herausfinden, was wirklich wichtig ist, was wir beeinflussen können bzw. was wir nicht kontrollieren können. Wir möchten spüren, daß wir ganz konzentriert und wach sind und daß wir mit beiden Beinen fest auf der Erde stehen. Vielleicht sind wir auch mit unserer Stimmung nicht ganz zufrieden. Wir fühlen uns erschöpft und angespannt. Wenn wir uns dann fitmachen wollen, können wir eine sehr wirksame Atem-Meditation benutzen.

Bemerke zunächst, wie du dich in diesem Augenblick fühlst. Wie fühlst du dich körperlich, emotional, geistig? Versuche, überhaupt nichts zu ändern, sondern bemerke einfach jede Anspannung und jedes Gefühl, das vielleicht anwesend ist.

Nun beobachte, wie du in diesem Augenblick atmest. Lege eine Hand auf deine Brust und eine Hand auf deinen Bauch. Beobachte, wohin dein Atem fließt. Welche Hand bewegt sich am meisten, wenn du atmest? Bewegt sich eine Hand überhaupt nicht?

Nun kannst du dir vielleicht gestatten, so zu atmen, daß die Hand auf der Brust beinahe still liegt und daß die Hand auf dem Bauch die Bewegung deines Atems am meisten spürt.

Schenke dir jetzt zehn solcher Atemzüge. Atme langsam, damit dir nicht schwindlig wird... (1 – 2 Minuten)

Jetzt kannst du in dieser Weise langsam tief weiteratmen, und gleichzeitig kannst du dir vorstellen, daß jede unangenehme Energie, wie z. B. Müdigkeit, Anspannung, Nervosität, Unkonzentriertheit, in deinem Körper hinabfließt, durch die Beine, durch deine

Füße und hinein in die Erde. Stell dir vor, wie diese störende Energie aus dir hinausfließt in die Erde, während du ausatmest. Spüre dabei den Atem in deinem Bauch. (2 – 3 Minuten)

Und nun kannst du dich wieder auf deine Hände konzentrieren und spüren, wie sie von deinem Atem bewegt werden. Schenk dir noch einmal fünfzehn Atemzüge und achte darauf, daß deine Brust relativ unbewegt bleibt.

Jetzt kannst du deine Hände wieder zurücknehmen und deinen Atem sich selbst überlassen. Prüfe, wie du dich fühlst, körperlich, emotional und geistig.

Lernen

Vielleicht kannst du dir in diesem Augenblick klarmachen, daß dein Potential zu lernen unendlich groß ist. Deine Fähigkeit zu lernen wird weder durch deine Herkunft, deine Ausbildung, dein Alter noch durch dein Geschlecht begrenzt. Lernen gehört zu deinem biologischen Erbe, und deine Fähigkeit zu lernen ist wirklich unendlich. Eingeschränkt werden kann dein Lernen, wenn du ein geringes Selbstwertgefühl hast. Zum Glück ist das nur ein Gedanke, den du in deinem Kopf hast, aber keine unverrückbare Tatsache.

Nun gestatte dir bitte, daß du deinen Atem bemerkst... Und versuche, deinen Atem immer deutlicher zu bemerken – bemerke, wie dein Atem in dich hineinströmt, wenn du deinen Körper öffnest, um ihn in dir aufzunehmen.

Nun gestatte dir, mit deinem Bewußtsein nach innen zu gehen, an jenen geheimnisvollen Platz, der dein inneres Zentrum ist, wo du all deine Fähigkeiten, dein ganzes Potential aufbewahrst: deine Fähigkeit zu sehen, zu hören, zu berühren, zu schmecken und zu riechen; deine Fähigkeit zu fühlen und zu denken; deine Fähigkeit, dich zu bewegen und zu sprechen, und vor allem deine wunderbare Fähigkeit, zu wählen und zu entscheiden. Bemerke, daß dies unendlich wertvolle kostbare Ressourcen sind, die du überallhin mitnehmen kannst, an jeden neuen Platz, den du aufsuchen möchtest. Du bist vollständig ausgestattet, um überall hingehen zu können, weil du diese Fähigkeiten hast.

Und nun kannst du daran denken, wie gut wir uns fühlen, wenn wir unser Haus aufgeräumt oder geputzt haben. Was du gestern gebrauchen konntest, das paßt heute vielleicht nicht mehr.

Vielleicht entschließt du dich, daß du dies einfach aufgibst und etwas Neues schaffst, was du an dieser Stelle deines Lebens brauchst. Deine Wünsche und Bedürfnisse wandeln sich, während du dich in dieser Welt bewegst. Darum kannst du dafür sorgen, daß du auf dem laufenden bleibst. Prüfe nach, was du jetzt brauchst, und sieh, was du vielleicht schon hast. Benutze alles, was nützlich ist, und trenne dich von allem, was nicht länger zu dir paßt, dankbar, daß du es so lange gebrauchen konntest. Gestatte dir, deinem Leben die Dinge hinzuzufügen, die du brauchst und über die du noch nicht verfügst. Und weil du, wie jeder von uns, unendliche Möglichkeiten hast, kreativ zu sein, kannst du immer das finden, was du brauchst.

Innere Stärke

Wenn du dich das nächste Mal gestreßt, unruhig oder aufgeregt fühlst, dann kannst du diese Atem-Meditation benutzen. Du bekommst dann wieder das Gefühl, mit beiden Beinen auf der Erde zu stehen und dich auf deine eigenen Ressourcen verlassen zu können.

Stell dir vor, daß du durch deine Füße einatmest. Stell dir vor, daß die Luft, die du einatmest, aus der Erde aufsteigt und daß du beim Ausatmen die Luft wieder weit in die Erde zurückschickst. Beim Einatmen steigt die Luft bis in deine Knie und von dort strömt sie durch deine Füße zurück, wenn du ausatmest. Probiere das bitte ein paarmal. (1 – 2 Minuten)

Wenn du dich an diese Art zu atmen gewöhnt hast, kannst du einen Schritt weitergehen. Wenn du jetzt einatmest, kannst du die Luft durch Füße und Beine bis in deine Hüfte steigen lassen, bis in das Zentrum deines Beckens. Und wenn du ausatmest, laß die Luft zurückfließen durch Beine und Füße bis tief in die Erde hinein. Probiere das ebenfalls ein paarmal aus. (1 – 2 Minuten)

Nun kannst du beim Einatmen die Luft noch etwas höher aufsteigen lassen, bis in den Bereich von Nabel und Sonnengeflecht. Und beim Ausatmen laß die Luft wieder zurückfließen durch die Beine hindurch, durch die Füße bis tief hinab in die Erde. (1 – 2 Minuten)

Jetzt hast du wahrscheinlich schon etwas mehr Übung, die Luft beim Einatmen ganz bewußt zu steuern. Diesmal kannst du deinen Atem noch höher schicken, durch Füße, Beine, Becken, bis in dein Herz. Und beim Ausatmen laß sie denselben Weg zurück nehmen und aus deinen Füßen wieder in die Erde zurückströmen. (1 – 2 Minuten)

Diesmal laß deinen Atem noch höher hinaufsteigen, bis in deine Kehle. Spüre, wie er durch Füße, Beine, Becken und Herz bis in deine Kehle strömt. Laß ihn von dort wieder zurückfließen in die Erde. (1 – 2 Minuten)

Nun atme von den Füßen bis in das Zentrum deines Kopfes. Spüre, wie dein Geist noch wacher wird, weil das Gehirn mit viel frischem Sauerstoff versorgt wird. Wenn du ausatmest, dann geh durch alle Stationen zurück und schick die verbrauchte Luft wieder in die Erde hinab. (1 – 2 Minuten)

Zum Schluß atme bitte bis unter dein Schädeldach. Laß die Luft bis zum höchsten Punkt deines Körpers hinaufsteigen und spüre ein Gefühl von Weite und innerer Ruhe. Beim Ausatmen laß die Luft den ganzen Weg zurück nehmen, bis sie aus deinen Füßen wieder in die Erde strömt. (1 – 2 Minuten)

Wenn du diese Atem-Meditation benutzt, dann wirst du selbst feststellen, wie lange du auf diese Art atmen möchtest, von den Füßen bis zu deinem Schädeldach. Du verbindest auf diese Weise die Solidität und die Unerschütterlichkeit der Erde mit der Weite und der Intuition deines Geistes.

Und nun kannst du deinem Atem gestatten, ganz langsam zu seinem natürlichen Rhythmus zurückzukehren. Gönn dir noch ein paar tiefe Atemzüge in deinen Bauch und bemerke, wie du dich jetzt fühlst, körperlich, geistig und emotional.

Verletzlich sein

Gerade wenn du einen starken Willen hast und gelernt hast, Konflikte durchzustehen, dann gibst du vielleicht anderen den Eindruck, unverletzlich zu sein und nie in der Gefahr, dich unsicher oder unterlegen zu fühlen. Das kann dich sehr isolieren. Manchmal trägt es dazu bei, daß du selbst und andere darunter leiden. Vielleicht sagen manche Menschen von dir, daß du wie ein Fels in der Brandung bist, und erlauben dir damit nicht, auch weiche Gefühle zu zeigen. Und wenn du dich immer sehr beherrscht gibst, dann verlierst du vielleicht den Kontakt zu deinen wahren Gefühlen, die du hinter deinem Image der Überlegenheit verbirgst. An dieser Isolation leiden viele Väter in ihren Familien und viele Menschen in Positionen, wo sie Macht über andere haben.

Und eine ähnliche Schwierigkeit kann entstehen, wenn du glaubst, daß du durch meditative Übungen stärker und unabhängiger wirst. Du könntest das Mißverständnis entwickeln, daß du noch unverletzlicher wirst, daß du alles unter Kontrolle hast, daß dich nichts mehr aus der Ruhe bringt. Wenn du das glaubst, dann kannst du deine eigene persönliche Entwicklung zum Stillstand bringen, ohne es zu bemerken. Wir alle haben ein emotionales Leben, und wenn wir uns hinter dicken Mauern verbergen, dann schaden wir uns selbst. Darum überprüfe bitte, ob du dir die Aura des Unbesiegbaren gegeben hast, der permanenten Stärke oder des überlegenen Wissens. Bemerke diese Geisteshaltung und frage dich, ob du nicht vor deiner eigenen Verletzlichkeit davonläufst, vor irgendeinem Schmerz oder vor irgendeiner Angst. Wenn du wirklich stark bist, dann mußt du deine Stärke vor dir selbst oder vor anderen nicht betonen. Wenn du wirklich stark bist, kannst du dir gestatten, auch die Dinge zu betrachten, die du am meisten fürchtest. Du kannst dir die Freiheit geben, das ganze Spektrum deiner Gefühle zu erleben, manchmal sogar Tränen, und du mußt nicht über alles eine fertige Meinung haben, für alles eine intelligente Lösung. Du mußt nicht unbesiegbar und beherrscht erscheinen. Das Mitgefühl anderer und wirkliche Sympathie kannst du nur genießen, wenn du für deine eigenen Gefühle offen bist. Was wie Schwäche aussieht, ist in Wirklichkeit deine Stärke; und was wie Stärke aussieht, ist oft Schwäche, ein Versuch, Angst zu verbergen, eine Fassade, für die wir einen hohen Preis zahlen, auch wenn sie anderen oder uns selbst sehr überzeugend erscheint.

Darum bemerke, wenn du die Hindernisse, denen du begegnest, mit Gewalt oder Härte aus dem Weg räumen willst. Experimentiere, indem du in Situationen sanft bist, in denen du eigentlich hart durchgreifen willst. Verhalte dich großzügig in Situationen, in denen du deinen eigenen Vorteil suchen möchtest. Versuche, dich zu öffnen, wenn du den Impuls hast, deine Gefühle zu verbergen. Wenn du Schmerz oder Trauer spürst, dann laß diese Gefühle zu. Sei großzügig zu dir und gestatte dir, all das zu fühlen, was du gerade empfindest. Bemerke auch, welche Etiketten du dir selbst oder anderen gibst, wenn du Trauer oder Unsicherheit bemerkst. Versuche, ohne solche Etiketten auszukommen. Jeder von uns ist auf seine Weise verletzlich. Bemerke die Fluktuation deiner Gefühle, die Höhepunkte und die Tiefpunkte, Zeiten der Stärke und Zeiten der Schwäche. Vertraue auf deine größte Stärke, präsent sein zu können und wach.

Kapitel 2

MEDITATIVE BEWEGUNG

In Schönheit gehen

Manchmal finden wir es schwierig, stillzusitzen, dabei zu meditieren und uns auf unsere innere Welt zu konzentrieren. Für manche Menschen ist es fast unmöglich, stillzusitzen und sich mit den eigenen Gefühlen von Schmerz oder Ärger zu konfrontieren; aber sie sind sehr gut in der Lage, dies zu tun, wenn sie dabei herumgehen können.

Darum haben die buddhistischen Mönche Zeiten der Sitz-Meditation mit Zeiten der Bewegungs-Meditation abwechseln lassen. Herumgehen ist ebensogut wie Sitzen, entscheidend ist, was in unserem Bewußtsein vorgeht.

Wenn wir herumgehen, um zu meditieren, dann haben wir nicht das Ziel, irgendwo anzukommen. Manche Menschen gehen dabei dieselbe Strecke immer hin und her oder sie gehen im Kreis herum.

Wenn wir meditativ gehen, dann können wir das in ganz unterschiedlichem Tempo machen, je nachdem, wie uns zumute ist. Wichtig ist, daß wir uns auf jeden Schritt konzentrieren und ihn mit unserer Aufmerksamkeit begleiten; das heißt, daß wir unseren Körper wahrnehmen beim Gehen – unsere Füße und Beine, unsere Hüften und unseren Rücken. Und natürlich bemerken wir beim meditativen Gehen auch unsere innere Welt – unsere Gefühle und Gedanken, unsere Wahrnehmungen und Impulse, Erinnerungen und Pläne –, genau wie in der sitzenden Meditation.

Aber wir können Bewegungs-Meditationen auch ganz informell erleben, ohne dabei auf die klassische Weise hin- und herzugehen oder im Kreis herumzulaufen: Wir können aufmerksam einen Gang entlanggehen, wenn wir zu einer Konferenz wollen; wir können aufmerksam über einen Parkplatz gehen; und wenn wir auf einer Geschäftsreise sind, können wir die langen Wege im Flughafen aufmerksam zurücklegen. Wir konzentrieren unsere Aufmerksamkeit einfach auf diesen Augenblick und spüren unsere Schritte und unseren Atem.

Wir können die meditative Bewegung gleich ein wenig einüben. Stellt die Stühle zurück und beginnt im Raum herumzugehen.

Geh ein wenig langsamer als gewöhnlich und spüre deinen Körper und deinen Atem. Du kannst diese Art des Gehens leichter einüben, wenn du die anderen Gruppenmitglieder nicht besonders beachtest und dich auf dein eigenes Erleben konzentrierst. Sei einen Augenblick dankbar dafür, daß du richtig gehen kannst, und denke daran, daß es viele Menschen gibt, die das nicht können. Normalerweise nehmen wir es als Selbstverständlichkeit hin, daß wir in der Lage sind zu sitzen, aufzustehen und zu gehen. Bemerke, welches Wunder dein Körper vollbringt, indem er dir gestattet, die Schwerkraft zu besiegen, die Balance zu behalten, die Richtung deiner Schritte so zu ändern, daß du nirgends anstößt. Und auch wenn du jetzt im Inneren eines Gebäudes herumgehst, mach dir einen Augenblick klar, daß du aufrecht auf Mutter Erde herumspazierst, die deinen Schritten Halt gibt... Und während du langsam weitergehst, versuche, in deiner Haltung Würde und Zuversicht auszudrücken... Versuche, „in Schönheit" zu gehen, wie die Indianer vom Stamm der Navajos sagen. Bemerke auch deinen Impuls, zu deinem üblichen Muster des Gehens zurückzukehren, und laß gemischte Gefühle zu, wenn du auf diese besondere Art gehst. Vielleicht spürst du auch den Wunsch, diese Bewegungs-Meditation vorzeitig zu beenden, dann kannst du überlegen, ob du diesem Wunsch nachgeben und dich irgendwo hinsetzen willst, oder ob du herausfinden möchtest, was mit diesem Wunsch passiert, wenn du weitergehst. (5 – 10 Minuten)

Bewusst gehen

Einmal wurde Buddha gefragt: „Was machst du eigentlich den ganzen Tag mit deinen Schülern?" Und Buddha antwortete: „Wir sitzen, wir gehen und wir essen." Und der neugierige Mensch entgegnete: „Aber das macht doch jeder. Wir alle sitzen, gehen und essen." Daraufhin gab Buddha zur Antwort: „Wenn wir sitzen, wissen wir, daß wir sitzen; wenn wir gehen, wissen wir, daß wir gehen; wenn wir essen, wissen wir, daß wir essen."

Das können wir von uns nicht sagen. Meistens beschäftigen wir uns mit der Vergangenheit oder mit der Zukunft. Aber wir können uns dafür entscheiden, präsent zu sein und den gegenwärtigen Augenblick zu erleben. Dann haben wir eine gute Chance, inneren Frieden zu spüren, Freude und Liebe.

Jeder von uns hat die Fähigkeit, präsent zu sein, aber oft denken wir nicht daran. Wir glauben, daß unser Glück in der Zukunft liegt – wenn wir befördert werden, wenn wir mehr Kunden gewonnen haben, wenn wir ein neues Haus gekauft haben. Wir strengen uns an und kämpfen und verfehlen so das Glück, das wir gerade jetzt erleben können – den blauen Himmel, das frische Gras, die Augen von Menschen, die wir lieben.

Worauf kommt es an? Viele Menschen sind befördert worden, haben Marktanteile dazugewonnen und Häuser gekauft und sind trotzdem unglücklich. Am wichtigsten für uns ist, daß wir inneren Frieden finden und andere daran teilhaben lassen. Eine Möglichkeit, Frieden zu finden, besteht darin, daß wir lernen, in Ruhe und Frieden zu gehen. Alles hängt von unseren Schritten ab.

Stellt die Stühle zurück und beginnt, langsam im Raum herumzugehen...

Jeder von uns kann sich meditativ bewegen. Geh ganz langsam und entspannt und gestatte dir, ein kleines Lächeln auf den Lippen zu haben... Wenn du so gehst, kannst du dich ganz behaglich fühlen und sicher. Du kannst all deine Sorgen und Ängste von dir abfallen lassen und statt dessen Frieden und Glück spüren. Jeder von uns kann so gehen. Du mußt dir nur etwas Zeit dafür nehmen, du mußt nur ein wenig aufmerksam sein und den Wunsch haben, jetzt glücklich zu sein. (5 Minuten)

Den eigenen Rhythmus finden

Oft tun wir mehrere Dinge gleichzeitig. Wir frühstücken und lesen die Zeitung, wir gehen durch die Natur spazieren und versuchen, die Lösung für ein Problem zu finden, wir fahren Auto und telefonieren gleichzeitig. Diese Vorgehensweise scheint uns Zeit zu sparen, aber sie führt auch dazu, daß wir uns nicht voll und ganz auf eine Tätigkeit einlassen und den Genuß der Konzentration versäumen. Wir zerreißen uns selbst, wenn unser Körper an einem Platz ist und unser Geist an einem anderen. Ein altes Zen-Gedicht warnt uns vor einer solchen Vorgehensweise:

> Wenn du gehen willst,
> dann gehe,
> wenn du sitzen willst,
> dann sitze,
> aber vor allem,
> schwanke nicht.

Meditative Bewegung kann uns helfen, mehr Konzentration in unsere alltäglichen Aktivitäten zu bringen. Dann gehen uns auch ganz triviale Aufgaben besser von der Hand, und wir werden nicht so schnell müde. Wenn wir z. B. Geschirr spülen und dabei in einen meditativen Geisteszustand gehen, dann bemerken wir, wie angenehm sich das warme Wasser anfühlt, wir können sehen, wie sich das Licht im Seifenschaum bricht und wir können uns daran freuen, wie geschickt sich unsere Hände beim Abwaschen bewegen. Wenn wir uns auf das konzentrieren, was wir gerade tun, dann ist unser Vorgehen weder hastig noch abrupt noch eckig. Wir finden einen natürlichen Rhythmus, der elegant ist und der unseren Geist erfrischt und klar macht.

Die folgende Bewegungs-Meditation kann euch helfen, dem Geheimnis rhythmischer Bewegung auf die Spur zu kommen.

Stellt die Stühle bitte zurück und beginnt, im Raum herumzugehen...

In den ersten drei Minuten konzentriere dich bitte ganz auf die Bewegung deines Körpers: wie du deine Füße auf den Boden setzt, wie sich deine Beine bewegen und dein Rücken, deine Schultern und Arme, wie sich Nacken und Hals bewegen. Finde für dich selbst einen Rhythmus beim Gehen, der sich für dich im Augenblick gut anfühlt. Das kann langsamer oder schneller sein. Vielleicht findest du einen ganz anderen Rhythmus als die übrigen Gruppenmitglieder. Das ist in Ordnung. Aber sei sicher, daß du alle Bewegungen deines Körpers spüren kannst...

In den nächsten drei Minuten kannst du deine Aufmerksamkeit sorgsam auf alles konzentrieren, was unterhalb deines Knies ist. Spüre die Bewegung deiner Zehen, deiner Ferse, die Muskeln deiner Wade. Benutze auch deine Augen. Sieh, wie du deinen Fuß auf den Boden stellst und wieder hebst, in welchem Winkel du deine Füße aufsetzt. Achte auch auf die Geräusche, die deine Füße machen. Finde einen Rhythmus für dein Gehen, der sich für dich gut anfühlt. Laß dich nicht stören, wenn andere in einem anderen Rhythmus herumgehen.

Die nächsten drei Minuten konzentriere dich bitte auf alles zwischen Knien und Schultern. Bemerke die Bewegung der Beine in den Hüftgelenken, die Bewegung deines Beckens, die Bewegung deiner Wirbelsäule, die Bewegung deiner Arme in den Schultergelenken. Finde wieder einen Rhythmus für dein Gehen, der sich für dich im Augenblick gut anfühlt, langsam oder schneller, aber stelle sicher, daß du deinen Körper zwischen Knien und Schultern vollständig spüren kannst.

Und in den nächsten drei Minuten konzentriere bitte deine

Aufmerksamkeit auf das Gebiet oberhalb deiner Schultern. Spüre deinen Nacken, die Haltung deines Kopfes, spüre deine Augen, deine Kiefermuskeln, spüre deine Lippen, spüre die Art und Weise, wie du atmest. Bemerke alles, was du sehen und hören kannst. Finde wiederum einen Rhythmus für dein Gehen, der dir im Moment passend und angenehm erscheint.

Und in den letzten drei Minuten benutze deine Aufmerksamkeit, um wieder deinen ganzen Körper gleichzeitig zu spüren. Kannst du jetzt mehr bemerken als in den ersten drei Minuten? Finde auch jetzt einen Rhythmus für dein Gehen, der paßt und angenehm ist, und bemerke, wie du dich körperlich, geistig und emotional fühlst.

Meditativer Spaziergang

Ein meditativer Spaziergang kann sehr angenehm sein. Wir gehen ganz langsam, allein oder mit Freunden aus der Gruppe und suchen uns solche Wege aus, die möglichst schön sind: Wege, auf denen sich Licht und Schatten abwechseln; Wege, die uns einen schönen Ausblick geben; Wege unter hohen Bäumen oder durch blühende Wiesen. Auf einem meditativen Spaziergang können wir das Gehen genießen. Wir gehen nicht, um irgendwo anzukommen, sondern um einfach zu gehen. Unser Ziel ist es, präsent zu sein, unseren Atem zu spüren und unsere Schritte und dabei jeden Schritt zu genießen. Darum werden wir all unsere Sorgen vorher abschütteln, nicht an die Zukunft denken und auch nicht an die Vergangenheit. Für die Dauer unseres meditativen Spazierganges wollen wir uns gestatten, jeden einzelnen Augenblick zu genießen. Wir sind alle da; wir dürfen durch die schöne Natur gehen; wir sind alle in der Lage, unseren wundervollen Körper zu benutzen. Dafür können wir dankbar sein. Und wenn wir gehen, dann wollen wir jeden Schritt so machen, als ob wir der glücklichste Mensch auf der Welt wären.

Natürlich gehen wir auch im Alltag ständig herum, aber dann entspricht unser Gehen eher einem Laufen. Wir spüren unseren Körper nicht, wir spüren unseren Atem nicht. Und wenn wir so gehen, dann drückt unser Gang Hast und Sorge aus. Es ist viel schöner, wenn wir so über die Erde gehen, daß unsere Fußspuren Heiterkeit und Gelassenheit ausdrücken. Jeder von uns kann so gehen, wenn er das wirklich will, auch jedes Kind kann so gehen. Wenn wir friedliche und glückliche Schritte machen, dann bewirken wir eine kleine Veränderung für unsere ganze Umgebung. Eine einzige ausgeglichene und glückliche Person kann eine ganze Gruppe unruhiger und aufgeregter Menschen positiv beeinflussen.

Wenn wir nachher nach draußen gehen zu unserem meditativen Spaziergang, dann werden wir etwas langsamer gehen als üblicherweise. Und wir werden unseren Atem mit unseren Schritten koordinieren, z. B. können wir drei Schritte machen, während wir einmal einatmen, und wir können drei Schritte machen, wenn wir einmal ausatmen. Um uns diesen Rhythmus bewußt zu machen, können wir dabei innerlich zählen: „Eins, zwei, drei... eins, zwei, drei..." oder wir sagen: „Ein, ein, ein... aus, aus, aus..." Diese Kürzel helfen uns, das Ein- und das Ausatmen zu identifizieren. Auf diese Weise nehmen wir es deutlicher zur Kenntnis, ungefähr so, wie wenn wir den Namen eines guten Freundes nennen.

Aber wir können natürlich auch Atem und Schritte auf andere Weise koordinieren. Wenn unsere Lunge vier Schritte zum Einatmen braucht, dann geben wir ihr einfach vier Schritte, wenn sie mit zwei Schritten auskommt, dann geben wir ihr zwei Schritte. Das Einatmen muß auch nicht genauso lang sein wie das Ausatmen. Vielleicht machen wir beim Einatmen drei Schritte und beim Ausatmen vier. Achtet bitte auf euer Gefühl. Wenn ihr euch beim Spazierengehen glücklich und friedlich fühlt, dann macht ihr es richtig.

Und noch etwas: Achtet beim Gehen darauf, wie eure Füße die Erde berühren. Geht so, als ob ihr mit euren Füßen die Erde küßt. Wir haben der Erde schweren Schaden zugefügt, jetzt wissen wir das und können anfangen, besser für die Erde zu sorgen. Wir können die Erde spüren lassen, daß wir ruhig und friedlich sind, und wir wollen in diesem Geist über die Erde gehen.

Vielleicht werdet ihr auf eurem Spaziergang ab und zu etwas sehen, was ihr besonders schön findet – eine Blüte, eine Wolke, die Silhouette eines Baumes –, dann könnt ihr ruhig stehenbleiben. Aber wenn ihr diese Naturschönheiten betrachtet, dann folgt mit eurer Aufmerksamkeit eurem Atem, damit euch eure Gedanken nicht weit weg führen in Erinnerungen oder in Hoffnungen, denn dieser Spaziergang soll euch etwas schenken, was ihr auf der Stelle genießen könnt: das Glück des Augenblicks. Und wenn ihr genug geschaut habt, dann geht einfach weiter. Jeder Schritt, den ihr macht, wird eine winzige, frische Brise bewirken, die Körper und Geist erfrischt.

Wenn ihr gleich zu eurem Spaziergang aufbrecht, dann denkt bitte daran, während dieser Zeit nicht zu sprechen. Entscheidet euch, ob ihr allein gehen wollt, zu zweit oder in einer kleinen Gruppe. Entscheidet euch so, daß ihr diese Gelegenheit wirklich genießen könnt. (20 Minuten)

Spaziergang zu zweit

Ich möchte euch zu einem meditativen Spaziergang zu zweit einladen. Sucht euch bitte einen Partner aus, den ihr gern besser kennenlernen wollt oder von dem ihr schon wißt, daß ihr seine Gegenwart genießen könnt...

Dieser meditative Spaziergang soll uns Genuß und Erholung bringen. Wir gehen langsam neben unserem Partner und suchen uns eine Wegstrecke, die wir schön finden. Wenn wir meditativ gehen, wollen wir nirgendwo ankommen. Unser Ziel ist das Gehen selbst. Wir wollen es genießen, ganz präsent zu sein und jeden Schritt zu spüren. Darum wollen wir zuvor alle Gedanken und Sorgen abschütteln. Wir wollen nicht an die Zukunft denken und nicht an die Vergangenheit. Wir wollen uns die Erlaubnis geben, jeden Augenblick zu genießen. Im Alltag gehen uns so viele Dinge durch den Kopf und unsere Gedanken finden Tausende von Pfaden, kreuz und quer durch unseren Geist. Wenn wir meditativ gehen, dann können wir den Luxus erleben, wie es ist, wenn wir uns auf einen Pfad konzentrieren, auf dem unsere Füße jeden Schritt in vollem Bewußtsein tun. Und wir werden auch aufmerksam atmen, damit unsere Atemzüge harmonisch zu unseren Schritten passen. Dann kann jeder Schritt ein Gefühl von Frieden und Glück in uns wecken, und wir können bemerken, wie ein Strom ruhiger Energie durch uns hindurchfließt.

Vielleicht macht ihr innerlich Einwände, weil es euch schwerfällt, eure üblichen Gedanken aufzugeben und weil diese Situation ungewohnt ist. Vielleicht fällt es euch auch schwer, bei einem solchen Spaziergang konsequent zu schweigen. Dann könnt ihr euch selbst eine wirksame Unterstützung geben: Lächelt bitte. Es ist ausreichend, wenn es der Anfang eines kleinen Lächelns ist, aber bitte behaltet dieses kleine Lächeln auf euren Lippen. Erinnert euch daran, daß Buddha immer mit diesem kleinen Lächeln dargestellt wird. Wenn ihr lernt, wie Buddha zu gehen, dann könnt ihr auch lächeln, wie Buddha gelächelt hat. Dieses kleine Lächeln hilft euch, ruhig und friedlich zu gehen und ein Gefühl des Wohlbehagens zu entwickeln. Probiert einfach aus, wie dieses kleine Lächeln eure Stimmung verändert.

Gehen wie ein Tiger

Meditatives Gehen ist eine gute Möglichkeit, etwas für unsere Körperhaltung zu tun. Weil wir zu wenig auf unseren Körper achten, bemerken wir oft nicht, wie wir unseren Körper halten: Vielleicht ziehen wir unsere Schultern hoch und strengen uns dabei unnötig an; wir gehen vornübergebeugt und belasten damit unsere Wirbelsäule; wir spannen die Muskulatur von Schultern und Nacken an und beeinträchtigen damit die Beweglichkeit unseres Kopfes, usw. Wenn wir meditativ gehen, dann gestatten wir uns, unseren ganzen Körper zu spüren – von den Füßen bis zum Kopf. Wir spüren, ob wir unseren ganzen Körper mit Leichtigkeit bewegen oder ob wir uns verspannen und mehr Energie brauchen, als nötig ist. Aber es kann sein, daß wir zunächst gar nicht wissen, wie wir unseren Körper halten sollen, damit wir unser Gehen als harmonisch und leicht empfinden können. Vielleicht haben wir Schwierigkeiten, eine wirklich gute Balance zu finden; vielleicht müssen wir neu lernen, in Ruhe und Leichtigkeit zu gehen. Darum bitte ich euch, wenn ihr gleich durch den Raum zu gehen beginnt, folgendes Rezept anzuwenden: Achtet auf euren Atem und achtet auf jeden Schritt, den ihr macht. Benutzt eure Phantasie, um euch einen großen Tiger vorzustellen, der sich langsam und harmonisch bewegt. Laßt euch von den natürlichen Bewegungen dieses majestätischen Tieres inspirieren. Dann könnt ihr Wege finden, wie eure eigenen Schritte genauso harmonisch werden, leicht und kraftvoll. Gestattet euch, von diesem königlichen Tier zu lernen, und bemerkt, wie ihr euch selbst von Schritt zu Schritt sicherer und freier fühlen könnt. (3 Minuten)

West und Ost lernen voneinander

Wir verdanken viele Meditationsübungen dem Osten und seiner spirituellen Praxis. Heute möchte ich euch zu einer Meditationsübung einladen, zu der Ost und West in gleicher Weise beigetragen haben.

Dies ist eine besonders intensive Möglichkeit, mit deren Hilfe wir lernen können, präsent zu sein.

Die Übung ist ein Geschenk für euch und für eure Familien, und wenn das Seminar beendet ist, könnt ihr es mit nach Hause nehmen.

Jetzt will ich erklären, was der Westen und was der Osten zu dieser meditativen Praxis beigetragen haben.

Vom Westen kommt die Sitte der Umarmung, und vom Osten kommt die Technik des bewußten Atmens. Wenn wir jemanden umarmen – eines unserer Kinder, unsere Mutter oder unseren Vater, unseren Partner oder einen guten Freund –, dann können wir diese Geste viel intensiver machen, wenn wir dabei ganz bewußt dreimal ein- und ausatmen.

Oft sind wir bei unseren Umarmungen abgelenkt oder eilig, wir denken an die Dinge, die wir hinterher sagen wollen, und dann ist auch unsere Umarmung flüchtig und nicht sehr tief, und wir und unser Partner können sie nicht sehr genießen.

Ich möchte euch eine andere Vorgehensweise empfehlen. Bevor wir jemanden umarmen, versuchen wir präsent zu sein, indem wir einmal bewußt ein- und ausatmen. Und wenn wir den Betreffenden dann in unsere Arme genommen haben, schenken wir uns (und dem anderen!) drei bewußte Atemzüge. Dann spüren wir, daß wir lebendig sind. Wir spüren uns selbst und den anderen, und der andere merkt, daß wir für ihn da sind und daß wir wirklich Kontakt wünschen und nicht nur eine soziale Geste machen, weil sie irgendwie dazugehört.

Vielleicht brauchen wir alle etwas Zeit, um uns daran zu gewöhnen und um unsere Befangenheit ablegen zu können. Denn oft fühlen wir uns befangen, wenn wir jemanden umarmen. Manchmal halten wir die Luft an oder wir klopfen dem anderen auf den Rücken, weil wir undeutlich spüren, daß wir ihm ein Zeichen geben sollten, daß wir wirklich da sind. Aber wirklich da sind wir nur, wenn wir präsent sind, und dazu brauchen wir nur unseren Atem. Wenn wir atmen, dann sind wir ganz da, und der andere spürt das. Das kann unsere Beziehungen wesentlich verbessern.

Stellt euch vor, ihr kehrt nach Hause zurück und begrüßt eure Partnerin oder euren Partner. Wenn ihr dann mit euren Gedanken woanders seid, dann seid ihr nicht wirklich da, und der andere existiert auch nicht wirklich für euch. Wenn ihr den anderen dann umarmt, dann ist das, wie wenn sich zwei Geister umarmen. Eine lebendige Umarmung ist nur möglich, wenn wir ganz gegenwärtig sind.

Ich möchte euch jetzt Gelegenheit geben, diese Art der meditativen Umarmung zu praktizieren.

Stellt die Stühle zurück und beginnt, langsam durch den Raum zu gehen. Spürt eure Schritte und euren Atem. Schaut euch um und findet ein Gruppenmitglied, für das ihr genug Zuneigung spürt, so daß eine Umarmung nicht künstlich ist. Geht auf die betreffende Person zu und fragt sie mit Worten oder einer Geste, ob ihr eine Umarmung willkommen ist. Wenn eure Einladung angenommen wird, dann praktiziert diese schöne ost-westliche Form, die ich euch beschrieben habe. Spürt, wie es euch dabei geht. Dann könnt ihr den Partner wieder aus euren Armen entlassen und weitergehen.

Vielleicht möchtet ihr diese Art der Umarmung einmal ausprobieren, und vielleicht möchte der eine oder andere die Gelegenheit benutzen, seine Freundschaft und Sympathie auf diese schöne Weise mehrfach auszudrücken. (2 – 5 Minuten)

Die Erde berühren

Ich möchte euch zu einer kurzen Bewegungsmeditation einladen, die ihr immer dann anwenden könnt, wenn ihr euch irritiert, unsicher, ärgerlich oder unglücklich fühlt. Am besten geht ihr dann ins Freie, an die frische Luft. Wenn ihr euren Spaziergang in einer schönen Umgebung machen könnt, dann ist das ein angenehmer Luxus, aber ihr könnt diesen Spaziergang überall machen – auf einem Parkplatz, auf einem ganz normalen Bürgersteig.

Ihr könnt gleich nach draußen gehen zu einem meditativen Spaziergang von fünf bis zehn Minuten, den jeder ganz für sich alleine machen wird.

Wenn ihr anfangt, aufmerksam zu gehen, dann denkt bitte daran, daß ihr über die Erde geht. Denkt daran, wie gern ihr im Urlaub in der Natur seid, wenn ihr wandert, auf Berge steigt, über den Strand lauft oder im Ozean schwimmt, wenn ihr segelt oder Golf spielt. Macht euch innerlich klar, daß wir alle Kinder dieser Erde sind. Wir brauchen die Erde, um glücklich zu sein, und die Erde braucht uns ebenfalls. Ob die Erde schön, frisch und grün ist oder ob sie verbrannt, vergiftet oder vertrocknet ist, das hängt von den Schritten ab, die wir selbst tun. Wenn ihr gleich über die Erde geht, dann stellt euch vor, daß ihr der Erde ein Zeichen gebt, indem ihr sie mit euren Füßen massiert und die Samen von Freude und Glück mit jedem eurer Schritte in sie hineinpflanzt. Vertraut darauf, daß diese Praxis heilsam für uns ist und heilsam für die Erde. Wenn ihr wollt, könnt ihr auch ein besonders schönes Bild benutzen: Ihr könnt euch vorstellen, daß ihr so geht, daß ihr mit jedem Schritte unsere Mutter, die Erde, küßt. (5 – 10 Minuten)

Stehend meditieren

Von den Bäumen können wir lernen, wie wir im Stehen eine kurze meditative Pause machen können. Diese Form der Meditation ist besonders wirksam; sie kann uns in kurzer Zeit das Gefühl der Sicherheit geben, sie kann uns geistig und körperlich erfrischen und sie kann uns dazu inspirieren, auch inmitten von Chaos erneut die Übersicht zu gewinnen.

Wir können diese Meditation jederzeit praktizieren, im Beruf, in der Familie, unterwegs und in der Natur.

Stell dich in einem kleinen Abstand vor deinen Stuhl und schau einfach nach vorn. Was es bedeutet, sicher zu stehen, kannst du erleben, wenn du in deiner Phantasie ein paar Minuten wie ein Baum dastehst. Spüre, daß deine Füße Wurzeln entwickeln, die in den Boden unter dir reichen. Spüre, wie dein Körper ganz leicht hin- und herschwingt, wie das ein Baum macht, wenn ihn ein sanfter Wind bewegt. Achte auf deinen Atem und stell dir vor, daß um dich herum einige Bäume stehen, die dir Gesellschaft leisten. Vielleicht hörst du, wie der leise Wind Zweige, Blätter oder Nadeln zum Rauschen bringt.

Benutze deinen Atem, um präsent zu sein, um zu spüren, daß du in diesem Augenblick lebendig bist. Spüre deinen Körper, wie er dasteht, atmet, sich sanft bewegt und von Augenblick zu Augenblick ganz da ist.

Vielleicht ist es ungewohnt für dich, auf diese Weise zu stehen, weil du in deinem Leben sehr beschäftigt bist. Denke daran, daß die Bäume Jahr um Jahr an ihrem Platz stehen, ein ganzes Leben lang. Kannst du von ihnen lernen, fest verwurzelt zu sein, ruhig zu sein und stark? Die Bäume berühren die Erde mit ihren Wurzeln. Sie berühren die Luft mit Stamm und Zweigen und sie lassen Nadeln oder Blätter vom Licht der Sonne berühren. Von den Bäumen können wir lernen, was es bedeutet, zu berühren und sich berühren zu lassen. (1 Minute)

Gib dir von Zeit zu Zeit die Erlaubnis, für eine kurze Weile aufmerksam stehenzubleiben. Spüre, wie die Luft deine Haut berührt; spüre, wie deine Füße den Kontakt halten zu dem Boden, auf dem du stehst; höre die Geräusche um dich herum; bemerke den Tanz von Licht und Schatten und den Tanz von Gedanken und Gefühlen in deinem Geist.

So kannst du immer wieder stehen, auf einem Spaziergang, in deinem Wohnzimmer, in deinem Büro oder wenn du auf den Bus wartest. Wenn du allein bist, dann kannst du auch deine Arme dabei benutzen, indem du die Hände öffnest und die Arme in verschiedene Richtungen ausstreckst, wie die Äste und Zweige eines Baumes – zugänglich, offen, geduldig.

Das Geheimnis der Langsamkeit

Was tun wir, wenn wir etwas vergessen haben? Ganz automatisch werden wir langsamer. Wir bleiben stehen oder wir setzen uns hin, um in unserem Gedächtnis zu suchen. Wenn wir dann auch noch genug innere Ruhe aufbringen, dann belohnt uns unser Gedächtnis, indem es uns die ersehnte Information zur Verfügung stellt. Wir wissen dann, wo wir unsere Brille abgelegt haben oder in welchem Buch wir den Artikel finden können, den wir für unsere Präsentation so dringend brauchen. Und genauso, wie uns Langsamkeit hilft, uns zu erinnern, unterstützt uns Schnelligkeit beim Vergessen. Wenn wir etwas Unangenehmes erleben, wenn wir enttäuscht oder verletzt werden, dann werden wir von selbst schneller und entwickeln Betriebsamkeit. Wir laufen sozusagen vor dem Schmerz davon, in der Hoffnung, daß wir die enttäuschende Situation möglichst schnell vergessen.

Kleine Kinder regulieren ihren Rhythmus von Schnelligkeit und Langsamkeit ganz instinktiv. Sie werden langsam, wenn sie etwas Neues lernen oder wenn sie etwas besonders intensiv genießen möchten. Der Zen-Meister Thich Nhat Hanh erzählt eine sehr schöne Geschichte aus seiner Kinderzeit:

„Als ich ungefähr vier Jahre alt war, brachte meine Mutter mir immer einen Keks mit, wenn sie vom Markt nach Hause kam. Dann setzte ich mich in den Garten und ließ mir viel Zeit, um diesen wunderbaren Keks zu essen. Manchmal dauerte das eine halbe Stunde und manchmal sogar noch länger. Ich biß immer nur ein winziges Stückchen von diesem kostbaren Keks ab, schaute dabei in den Himmel und betrachtete die Wolken und die Vögel, die vorüberflogen. Von Zeit zu Zeit streichelte ich unseren Hund und biß dann wieder ein winziges Stückchen von meinem Keks ab. Ich genoß diese Zeit – den Himmel über mir, die Erde unter mir, die Bambusbüsche, den Hund, die Katze und die Blumen. Ich war ganz ruhig und glücklich, weil es wenig gab, über das ich mir Sorgen machen mußte. Ich dachte nicht über die Zukunft nach, und in der Vergangenheit gab es nichts, was ich zu bedauern hatte. Ich existierte vollständig in der Gegenwart – mit meinem Keks, mit dem Hund, mit dem Bambus, mit der Katze und mit meiner ganzen kleinen Welt."

Auch wir haben diese Möglichkeit. Wir können z. B. beginnen, unsere Mahlzeiten langsamer einzunehmen. Wir können wenigstens ab und zu so langsam essen, wie der kleine Junge seinen kostbaren Keks gegessen hat. Vielleicht glaubt ihr, daß ihr diesen Keks aus eurer Kinderzeit verloren habt. Aber ich bin ganz sicher, daß er immer noch da ist, irgendwo in eurem Herzen. Alles ist noch da, und wenn ihr es wirklich möchtet, könnt ihr es auch finden.

Aufmerksam und langsam zu essen ist eine wichtige meditative Praxis. Dann nehmen wir nicht nur Kalorien zu uns, sondern wir genießen diese Insel der Langsamkeit inmitten der Schnelligkeit unserer Tage. Wir können so essen, daß dieser Keks aus unserer Kinderzeit wieder hergestellt wird. Dieser Augenblick ist dann voller Freude und Glück, und jeder von euch kann dieses Geheimnis der Langsamkeit verstehen.

Ich habe für jeden von euch ein kleines Geschenk mitgebracht, das euch helfen wird, diese Meditation nicht zu vergessen. Jeder bekommt von mir einen einzelnen, kostbaren Keks, und ihr habt fünf Minuten Zeit, um diesen Keks ganz langsam und aufmerksam zu essen. Ihr könnt dabei herumgehen oder euch irgendwo an einen schönen Platz setzen, allein oder in der Gegenwart anderer, und schweigend diesen Keks essen, indem ihr nur ein kleines Stückchen zur Zeit abbeißt. Ihr könnt den Geschmack dieses Kekses ganz aufmerksam genießen, ihr könnt die Ruhe eurer Umgebung genießen, ihr könnt diese Insel der Langsamkeit genießen. Wenn ihr wollt, könnt ihr euch auch daran erinnern, wie dieser Keks entstanden ist: Ihr könnt die Felder sehen, auf denen Weizen und Zuckerrüben gewachsen sind, und grüne Wiesen mit weidenden Rindern. Niemand konnte die Zeit abkürzen, bis all die Zutaten reif waren für diesen einen Keks.

Die Welt in einer Mandarine sehen

Wir können unsere Fähigkeit zu genießen verdoppeln, wenn wir langsamer und aufmerksamer sind. Wenn wir uns nicht von Sorge und Angst ablenken lassen, können wir stärker genießen. Nur wenn wir ganz präsent sind, werden die Objekte unseres Genusses wirklich real.

Ich will euch zeigen, wie ihr aus einem alltäglichen Vorgang ein sehr schönes Erlebnis machen könnt.

Bitte gebt diesen Korb mit Mandarinen im Kreis herum und nehmt euch jeder eine Mandarine heraus.

Zunächst wollen wir die Mandarine einfach in der Hand halten und sie anschauen. Damit diese Mandarine für uns noch realer wird, wollen wir etwas über ihren Ursprung meditieren.

Sieh nicht nur diese Mandarine vor dir, sondern sieh auch ihre Mutter, den Mandarinenbaum. Geh in deiner Phantasie in ein südliches Land. Vielleicht möchtest du dir einen kleinen Garten vorstellen, in dem der Mandarinenbaum steht, über und über mit weißen, sternförmigen Blüten bedeckt; sieh, wie Sonne und Regen den Mandarinenbaum ernähren; sieh, wie die feinen Blütenblätter abfallen und wie kleine grüne Früchte erscheinen. Sonnenschein und Regen wechseln sich weiter ab, und die winzige Mandarine wächst und wächst. Allmählich bekommt sie ihre schöne, leuchtende Farbe. Irgend jemand pflückt sie dann, und nun liegt sie in deiner Hand...

Du kannst jetzt anfangen, die Mandarine ganz langsam zu schälen. Bemerke, wie beim Schälen die kleinen Ölkapseln in der Haut der Mandarine aufplatzen, so daß du ihren Duft spürst. Nun öffne vorsichtig den Kranz der Stücke, löse eines heraus und steck es dir in den Mund. Bemerke deutlich, wie sich das Stück in deinem Mund anfühlt. Bemerke die Struktur und den Geschmack des Mandarinenstückchens, während du es langsam im Mund zerkleinerst.

Laß dir Zeit, ein Stück nach dem anderen so aufmerksam zu essen. Bei jedem Stückchen, das du siehst, kannst du den südlichen Garten sehen, aus dem die kleine Mandarine gekommen ist, jenes ferne Land und unseren ganzen Planeten, der all die Früchte hervorbringt, die uns ernähren. Du kannst deine Mandarine ganz langsam essen und dabei sehr glücklich sein.

Kapitel 3

LOSLASSEN

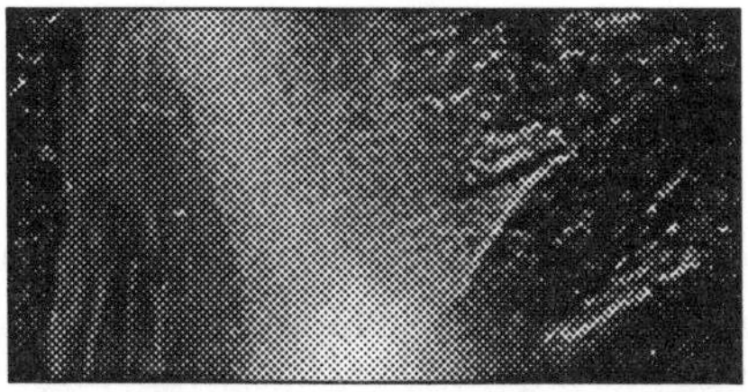

Strom der Gefühle

Unsere Gefühle spielen eine große Rolle bei all unseren Gedanken und bei allem, was wir tun. Tief in uns gibt es einen Strom der Gefühle, und jeder Wassertropfen ist ein anderes Gefühl. Alle Gefühle sind miteinander verbunden und brauchen sich gegenseitig. Es lohnt sich, daß wir diesem Strom unsere Aufmerksamkeit schenken, weil die Gefühle uns viel zu sagen haben. Sie können uns darauf aufmerksam machen, was gut für uns ist; sie können uns warnen; sie sagen uns, wann wir die Nähe anderer brauchen und wann wir Einsamkeit brauchen; sie signalisieren uns, wann wir eine Pause machen sollten und wann wir genügend Energie haben, um ein kühnes Projekt zu starten. Unsere Gefühle sind die Brücke zwischen unserem Geist und unserem Körper, und manchmal scheint es so zu sein, daß unser Körper unsere Gefühle besser versteht als unser Geist. Damit wir unsere Gefühle verstehen können und sie so benutzen, daß sie die Qualität unseres Lebens verbessern, müssen wir uns etwas Zeit für sie nehmen. Wir machen dann kleine Pausen, um sie zu beobachten und um uns mit ihnen zu verständigen. Wir setzen uns sozusagen ans Ufer und beobachten den Strom der Gefühle, beobachten, wie einzelne Gefühle an die Oberfläche kommen, vorbeifließen und wieder vergehen. Wenn wir den Wechsel unserer Gefühle bemerken können, dann ist das im allgemeinen ein gutes Zeichen. Wenn wir dagegen beobachten, daß ein einzelnes Gefühl die Oberhand gewinnt und nicht an uns vorbeifließt, dann können wir uns fragen, warum das so ist und ob die Dominanz eines einzelnen Gefühles wirklich gut für uns ist.

Vereinfacht gesagt können wir drei Sorten von Gefühlen unterscheiden: angenehme, unangenehme und neutrale. Wir behandeln diese drei verschiedenen Sorten von Gefühlen erfahrungsgemäß nicht gleichmäßig. Wenn wir ein unangenehmes Gefühl bemerken, dann haben wir oft den Wunsch, daß dieses Gefühl nicht da sein möge. Es stört uns. Wir sind nicht gern traurig, wir fühlen uns nicht gern unsicher, und im allgemeinen sind wir auch nicht gern ärgerlich. Wenn wir also ein unangenehmes Gefühl bemerken, dann neigen wir vielleicht dazu, wegzuschauen und das Gefühl schnell wieder zu vergessen, oder wir jagen es einfach weg. Aber das ist keine gute Methode, mit unseren unangenehmen Gefühlen umzugehen. Da sie uns etwas Wichtiges zu sagen haben, bleiben sie anwesend, und manchmal verbergen sie sich dann in der Tiefe. Es ist viel wirksamer, wenn wir uns auch für unsere unangenehmen Gefühle etwas Zeit nehmen. Wir können z. B. anfangen, bewußt zu atmen. Auf diese Weise geben wir uns genügend innere Sicherheit, daß wir dieses Gefühl studieren können. Vielleicht sagen wir im stillen: „Ich atme tief ein und weiß, daß in mir ein unangenehmes Gefühl ist. Ich atme tief aus und weiß, daß in mir ein unangenehmes Gefühl ist." Und meist können wir diesem Gefühl auch einen Namen geben und sagen: „Ich weiß, daß ich ärgerlich bin. Ich weiß, daß ich verletzt bin. Ich weiß, daß ich traurig bin. Ich weiß, daß ich eifersüchtig bin. Ich weiß, daß ich unsicher bin." Wenn wir ein Gefühl auf diese Weise identifiziert haben, dann haben wir die Grundlage dafür gelegt, daß wir besser verstehen können, warum wir so fühlen.

Wir können bewußtes Atmen benutzen, um guten Kontakt zu unseren Gefühlen herzustellen und sie zu akzeptieren. Und wenn wir weiter ruhig und tief atmen, dann können wir bald bemerken, daß auch Körper und Geist langsam ruhig und klar werden und unsere Gefühle ebenfalls. Wir können dann in aller Ruhe darüber nachdenken, was uns das Gefühl sagen möchte, das sich zuvor gemeldet hat.

Allzuleicht glauben wir, daß unangenehme Gefühle nur durch etwas hervorgerufen werden, was außerhalb von uns selbst ist.

Wenn wir uns über jemanden geärgert haben, dann denken wir vielleicht lange über diese Person nach und über ihre Rücksichtslosigkeit, Undankbarkeit oder ihre schlechte Erziehung. Aber mit solchen Gedanken entfernen wir uns von unserem Gefühl. Viel besser ist es, wenn wir uns auf uns selbst konzentrieren und unserem Ärger nachspüren. Vielleicht will der Ärger uns nachhaltig darauf aufmerksam machen, daß wir selbst uns anders verhalten müssen. Unser Ärger ist eine Einladung, tiefer über eine Situation nachzudenken.

Wenn wir ein unangenehmes Gefühl aufmerksam beobachten, dann lassen wir uns auch nicht dazu verleiten, blind zu reagieren und im Falle des Ärgers zurückzuschlagen oder Rachegedanken zu entwickeln. Wir versuchen vielmehr, unsere Gefühle zur Kenntnis zu nehmen und sie dann loszulassen, indem wir sie weder zurückweisen noch uns an sie klammern.

Wenn wir unsere unangenehmen Gefühle verständnisvoll und sorgfältig beobachten, dann können wir sie sogar in produktive Energie umwandeln, die uns außerordentlich guttut. Wir können unseren Ärger z. B. umwandeln in Verständnis für denjenigen, über den wir uns geärgert haben. Vielleicht finden wir heraus, daß diese Person selbst mit einer schweren Frustration zu kämpfen hat, oder wir wandeln unseren Ärger um in Verständnis für uns selbst und entdecken eine wichtige Forderung, die wir vorher nicht ins Auge zu fassen wagten.

Kehre noch einmal zu dem Bild zurück, wo du am Strom deiner Gefühle sitzt und beobachtest, wie die Gefühle kommen und gehen. Vielleicht gibt es für dich das eine oder andere Gefühl, das für dich selbst besonders schwer auszuhalten ist: vielleicht ist es Ärger, vielleicht ist es Unsicherheit, vielleicht ist es Trauer usw. Und auch wenn du dieses für dich schwierige Gefühl im Augenblick nicht bemerkst, so kannst du dennoch innerlich eine freundliche Botschaft für dieses Gefühl formulieren und ihm mitteilen, daß du es in Zukunft respektvoller behandeln möchtest. Teile dem Gefühl in deinen eigenen Worten mit, daß du bereit bist, seine Stimme zu hören und die Hinweise zu beachten, die es dir geben kann. (1 Minute)

Und wenn du diesen Kontakt hergestellt hast, dann wirf noch einen Blick auf den Strom deiner Gefühle. Sieh irgendein Bild, das den Strom deiner Gefühle zeigt. Atme dabei ganz ruhig und tief und schicke auch an die Gesamtheit deiner Gefühle eine Botschaft. Vielleicht kannst du ihnen in deinen eigenen Worten mitteilen, daß du an ihnen interessiert bist, weil sie deinem Leben Vitalität und eine gute Richtung geben können. (1 Minute)

GEBEN

Großzügigkeit ist eine wichtige Führungstugend. Wir verbessern damit die Motivation unserer Mitarbeiter und inspirieren sie, auch selbst großzügig zu sein und ihre Energie und Erfindungsgabe dem Unternehmen zur Verfügung zu stellen. Aber Großzügigkeit geht noch weiter. Großzügigkeit ist unsere Bereitschaft, uns intensiv auf die Welt einzulassen.

Ein schlichteres Wort für Großzügigkeit ist „Bereitschaft zu geben". Wenn du darüber nachdenken möchtest, dann kannst du am besten bei dir selbst beginnen. Prüfe, ob du dir selbst genug gibst. Prüfe, ob du dir so kostbare Geschenke machst wie z. B. dich selbst zu akzeptieren oder dir einfach Zeit für dich selbst zu nehmen, Momente, in denen du nichts „Nützliches" tust. Kannst du dich an den Gedanken gewöhnen, daß dir solche Geschenke zustehen, daß du sie von dir selbst und vom Leben annehmen darfst? Finde in dir selbst einen Platz, von dem all deine Lebensenergie ausgeht. Mach dir klar, daß diese Lebensenergie sich immer wieder erneuert. Bemerke, wie diese Energie nach außen strahlt, durch deinen Körper hindurch und weit in die Welt.

Vielleicht kannst du riskieren, etwas von dieser Lebenskraft zu verschenken. Zuerst ganz behutsam, und zunächst an dich selbst. Dann an andere: an deine Mitarbeiter, an deine Familie und Freunde. Wenn du etwas verschenkst, dann spekulierst du nicht darauf, dadurch Vorteile zu haben oder etwas zurückzubekommen. Und du brauchst keine Angst zu haben, dabei etwas zu verlieren. Du bist reicher, als du glaubst. Genieße diesen Reichtum und gib allmählich mehr. Gib so, als hättest du einen unerschöpflichen Reichtum. Die Buddhisten nennen dies: „Geben wie ein König." Wir müssen dabei nicht nur an Geld oder materielle Dinge denken, obgleich auch dies eine schöne Art des Gebens ist, wenn wir andere an unseren materiellen Ressourcen beteiligen. Noch wichtiger ist es, daß wir anderen von unseren immateriellen Kostbarkeiten schenken, von unserem Enthusiasmus, unserer Vitalität, unserer Hoffnung, unserem Vertrauen, von unserer Offenheit und vor allem von unserer inneren Präsenz. Schenke deinen Mitarbeitern, deinen Vorgesetzten, deinen Kunden, deiner Familie und deinen Freunden deine ungeteilte Präsenz.

Wahrscheinlich hast du häufiger auch einen Widerstand bemerkt, der den Impuls zu geben abbremst, dann nämlich, wenn du dir Sorgen machst über die Zukunft, wenn du befürchtest, daß du zuviel gibst oder daß deine Geschenke nicht genug geschätzt werden, oder wenn du dich selbst erschöpft fühlst. Vielleicht läßt du dich auch von dem Gedanken bremsen, daß du zuwenig zurückbekommst oder daß du vielleicht selbst nicht genug hast.

Vielleicht kannst du die Möglichkeit betrachten, daß alle diese Gründe nicht den Kern treffen, daß sie einfach Ausdruck der Befürchtung sind, daß du dich selbst schützen mußt. Natürlich ist es richtig, daß du auch für deine eigenen Interessen eintrittst, aber du hast mehr zu geben, als du glaubst. Und du kannst das Empfinden von Isolation, Abstand und Erstarrung auflösen, wenn du häufiger gibst. Und je mehr du gibst, desto mehr wirst du deinen eigenen inneren Reichtum entdecken. Wenn du bewußt und aufmerksam gibst, dann wirst du sehen, daß deine Beziehungen – privat und beruflich – erfreulicher werden, daß du ein ganz neues Bild von dir selbst bekommst.

Vielleicht wendest du jetzt ein, daß du nicht genug Kraft oder Enthusiasmus hast, um überhaupt irgend etwas zu geben, daß du dich erschöpft und leer fühlst. Vielleicht hast du auch das Empfinden, daß du permanent gibst und daß andere das für selbstverständlich halten und es nicht recht schätzen können. Vielleicht ist dir auch bewußt, daß du manchmal gibst, um schwierigen Gefühlen auszuweichen oder um andere abhängig von dir zu machen. Wenn du solche Gedanken hast, dann ist es sicherlich weise, daß du sehr sorgfältig über diese Art des Gebens nachdenkst. Strategisches oder naives Geben ist nicht besonders gesund, und es ist auch nicht großzügig. Wir müssen unsere Motive beim Geben verstehen, beachten und unterscheiden lernen. Sicherlich gibt es eine Art des Gebens, die nicht Großmut ist, sondern eher ein Zeichen der Angst und des Mangels an Selbstvertrauen.

Darum lohnt es sich, wenn du dir jetzt ein wenig Zeit gibst, um über drei Fragen zu meditieren. Die erste Frage ist vielleicht die wichtigste:

– Wie gebe ich mir selbst? Gebe ich mir selbst so, wie es mir von anderen vorgeschlagen wird oder wie es meinen innersten Bedürfnissen entspricht?

Die zweite Frage erfordert ebenfalls sorgsame Beachtung. Sie lautet ganz einfach:

– Welchem Menschen könnte ich mehr geben und was?

Und die dritte Frage greift vielleicht deine eigene Skepsis auf:

– Wem gebe ich zuviel? (3 Minuten)

Wenn wir unsere innere Großzügigkeit kultivieren wollen, dann kommt es zunächst nicht darauf an, wieviel wir geben und ob wir überhaupt etwas geben. Großzügigkeit ist eine innere Haltung, eine Bereitschaft, uns selbst und andere Menschen für würdig zu halten. Um sie richtig zu praktizieren, müssen wir unseren Instinkten vertrauen und gleichzeitig bereit sein zu experimentieren. Vielleicht mußt du weniger geben und deinen Verdacht ernstnehmen, daß du dich ausnutzen läßt, daß du unbesonnen gibst oder in der Erwartung einer großen Rendite. Vielleicht mußt du mehr geben, aber auf eine andere Weise und mit anderen Prioritäten.

Aber am größten ist die Wahrscheinlichkeit, daß du dir selbst mehr geben mußt, auf jeden Fall eine Zeitlang. Dann kannst du versuchen, anderen zu geben, ein bißchen mehr, als du für möglich hältst, ganz aufmerksam und ohne den Wunsch, etwas zurückzubekommen.

Fang selbst an zu geben und warte nicht, bis dich jemand darum bittet. Und warte ab, was dann geschieht. Vielleicht bekommst du neue Einsichten über deine Beziehungen, und wahrscheinlich wirst du mehr Energie haben und nicht weniger. Du wirst auch bemerken, daß du deine Ressourcen nicht verkleinerst, sondern daß du sie vergrößerst. So wirksam ist bewußte und selbstlose Großzügigkeit.

Was uns verletzlich macht

Manchmal haben wir mit Leuten zu tun, in deren Gegenwart wir uns unbehaglich fühlen. Es scheint so zu sein, daß von diesen Menschen eine negative Energie ausgeht, vor der wir uns schützen möchten. Wir verhalten uns dann weniger spontan als sonst. Wir sind auf der Hut, weil wir damit rechnen, daß irgend etwas Unangenehmes geschehen könnte. Am meisten stört uns vielleicht, daß wir nicht genau wissen, woher dieses Unbehagen stammt. Und dieses Unbehagen wird nicht immer von Personen ausgelöst, die wir für stärker halten. Manchmal fühlen wir uns auch Gleichgestellten gegenüber unsicher oder gegenüber Mitarbeitern, die wir führen.

Du kannst diese Meditation benutzen, um herauszufinden, warum du auf die negative Energie anderer Menschen verletzlich reagierst. Du hast Gelegenheit, eine aktuelle Beziehung zu erforschen und Verständnis für deine Verletzlichkeit zu entwickeln. Wenn du deine eigene Verletzlichkeit besser verstehst, kannst du dich besser schützen und ruhig und gelassen bleiben, wenn du mit einer schwierigen Person zusammen bist.

Setz dich bequem hin und schließ deine Augen. Achte bitte darauf, daß Arme und Beine nicht gekreuzt sind. Schenk dir einen tiefen Atemzug und atme langsam aus. Laß deinen Atem tiefer und langsamer werden und ganz entspannt.

Nun denke an eine Situation, in der du dich unbehaglich oder verletzlich fühlst. Sieh irgendeine Person, die eine negative Ausstrahlung für dich hat.

Sieh diese Situation ganz deutlich und spüre die Gefühle, die du dann hast. Was fühlst du emotional? Was empfindest du körperlich? An welcher Stelle deines Körpers reagierst du auf diese Situation?

Nun kannst du dich fragen, ob diese Situation dir irgendwie bekannt vorkommt. Fallen dir Situationen ein, in denen du dich früher ähnlich gefühlt hast? Erinnert dich diese Situation an irgendeine Person aus deiner Kindheit?

Wer fällt dir jetzt ein? Wer ist dieser Mensch für dich?

Welche emotionale Verbindung hast du zu dieser Person?

Gibt es irgend etwas, was du von dieser Person brauchst? Gibt es irgend etwas, was du dir von dieser Person wünschst?

Gibt es irgend etwas, wovor du Angst hast? Welche Art Energie scheint diese Person für dich auszustrahlen?

Kannst du jene schwache Stelle herausfinden, die dich empfindlich macht für die negative Energie dieser Person? Was ist der wunde Punkt, der dich lähmt, unsicher macht, der dich verletzlich macht? Was müßtest du tun, damit du dich von der negativen Energie dieser Person lösen kannst? Mußt du irgendeine Erwartung aufgeben oder einen Wunsch?... (1 – 2 Minuten)

Nun stell dir vor, daß du diesen inneren Konflikt löst. Laß diese andere Person innerlich los. Vielleicht hilft es dir, wenn du in deiner Vorstellung einfach ein paar Schritte zurückgehst oder wenn du das Band, das dich mit dieser Person verbindet, einfach durchschneidest. Vielleicht möchtest du dieser Person auch etwas sagen... Atme ganz tief und ruhig...

Und nun gestatte dir, daß du auch deinen Körper entspannst. Mach all die Stellen weich und locker, wo du dich vorher angespannt gefühlt hast.

Und nun geh wieder zurück in die erste Situation. Hol einmal tief Luft und stell dir den Menschen wieder vor, in dessen Gegenwart du dich unbehaglich und verletzlich gefühlt hast. Spüre, daß du diesmal ruhig und konzentriert bleiben kannst. Sieh, daß du jetzt dieser Situation besser gewachsen bist, daß du auf diesen Menschen konstruktiv reagieren kannst... (1 Minute)

Du kannst darauf vertrauen, daß du in Zukunft gelassener bleiben kannst. Und wenn du willst, dann wiederhole diese Meditation später mit derselben Person oder mit einer anderen, der gegenüber du dich unsicher fühlst. Du kannst die Quellen deiner Unsicherheit verstehen und Erwartungen aufgeben, die du nicht brauchst.

Und nun kannst du einmal tief ausatmen, dich recken und strecken und deine Augen öffnen. Sei mit deiner Aufmerksamkeit wieder hier, erfrischt und wach.

Die Gefühle sind unsere Kinder

Du kannst dir dein Leben etwas leichter machen, wenn du dich mit dem Gedanken vertraut machst, deine Gefühle so zu behandeln wie deine eigenen Kinder. Du kannst dich daran erinnern, was Kinder von uns brauchen. Sie möchten, daß wir uns für sie Zeit nehmen, sie möchten beachtet werden, sie möchten liebevoll behandelt werden, und sie haben es nicht gern, wenn die Eltern ungerecht sind und ein Kind vorziehen. Und wenn die Kinder größer werden, wünschen sie sich von uns, daß wir sie verstehen. Wenn wir diese Regeln einhalten, dann haben wir gute Aussichten, mit unseren Kindern auch schwierige Situationen zu meistern, die das Leben für uns bereithält. Natürlich kann es vorkommen, daß irgendein Kind uns besondere Sorgen macht. Aber wir werden dieses Kind nicht wegschicken, weil es so schwierig für uns ist; im Gegenteil, wir werden uns extra Zeit nehmen, um dieses schwierige Kind besser zu verstehen.

Was bedeutet das für den Umgang mit deinen Gefühlen? Du kannst fünf Schritte machen, die dir helfen, ein guter Vater oder eine gute Mutter für deine Gefühle zu sein.

Der erste Schritt verlangt von dir, daß du jedes Gefühl bemerkst, wenn es entsteht. Dazu kannst du deine innere Aufmerksamkeit benutzen. Wenn du ein Gefühl spürst, dann kannst du aufmerksam werden. Du kannst z. B. deine Angst zur Kenntnis nehmen und einfach feststellen, daß du Angst hast. Du weißt, daß diese Angst nicht von außen kommt, sondern daß sie aus dir selbst kommt, genauso wie deine innere Aufmerksamkeit. Beide gehören zu dir, und sie müssen sich nicht bekämpfen, sondern sie können sich miteinander gut vertragen.

Dazu mußt du einen zweiten Schritt machen und dein Gefühl anerkennen. Es hilft dir nichts, wenn du sagst: „Angst, geh weg. Ich mag dich nicht. Du gehörst nicht zu mir." Es ist viel besser, wenn du sagst: „Guten Tag, Angst. Wie geht es dir? Was willst du mir sagen?" Wenn du dir diese Zeit für deine Angst nimmst, dann können die beiden Stimmen in dir – die innere Aufmerksamkeit und die Angst – sich begrüßen und Freunde werden. Und weil du weißt, daß du viel größer bist als deine Angst, mußt du nicht in Panik geraten. Solange du dir innere Aufmerksamkeit schenkst, kannst du deine Angst begrenzen. Du kannst deine innere Aufmerksamkeit stärken, indem du bewußt atmest und deinen Körper spürst. Und wenn du innerlich aufmerksam bist, dann wird dich deine Angst nicht überwältigen, im Gegenteil: Du kannst deine Angst umwandeln, wenn du ihr ruhige Beachtung schenkst.

Der dritte Schritt hilft dir, das Gefühl zu beruhigen. Wenn du deiner Angst liebevolle Aufmerksamkeit schenkst, dann wirst du ruhiger. Bewußtes Atmen kann dir helfen, daß dein Körper und dein Geist ruhiger werden. Wenn du bei deinem Gefühl bleibst und deine Angst nicht ignorierst oder verjagst, dann kannst du dein Gefühl beruhigen, wie eine Mutter, die ein weinendes Kind im Arm hält. Die Mutter ist deine innere Aufmerksamkeit, die sich um das Gefühl der Angst kümmert. Eine Mutter, die sich auch wirklich auf ihr Kind konzentriert und nicht an andere Dinge dabei denkt, kann ihr Kind schnell beruhigen. Darum brauchst du keines deiner Gefühle zu vermeiden. Sage nicht: „Du bist nicht wichtig, du bist nur ein Gefühl." Gib dir Zeit und beruhige dein Gefühl. Du kannst z. B. sagen: „Ich atme tief und langsam. Ich beruhige meine Angst."

Im vierten Schritt kannst du das Gefühl loslassen, wie eine Mutter, die ihr Kind getröstet hat und es anschließend wieder losläßt, damit es weiterspielen kann. Weil du selbst ruhig bleibst, auch wenn du Angst spürst, hast du das Empfinden, die Übersicht zu behalten, und du weißt, daß deine Angst nicht so groß wird, daß du davon überwältigt wirst. Wenn du weißt, daß du dich um deine Angst kümmern kannst, dann wird sie von selbst ruhiger und nicht mehr so unangenehm sein. Vielleicht kannst du jetzt sogar lächeln und bemerken, daß die Angst von selbst vergeht.

Aber du mußt auch wissen, daß diese ersten vier Schritte nur Medizin für das Symptom sind. Du brauchst noch einen weiteren Schritt, um dich mit der Quelle deiner Angst zu beschäftigen.

Laß dir bei diesem fünften Schritt Zeit, genau hinzusehen. Du machst dir Gedanken darüber, was deine Angst ausgelöst hat. Dies ist ein Prozeß der Selbsterforschung, und du kannst darüber nachdenken, was die Ursache deines Gefühls war. Manchmal basieren unsere Gefühle auf ungenauen Wahrnehmungen. Manchmal haben wir Überzeugungen oder Standpunkte, die notwendigerweise zu schmerzlichen Gefühlen führen müssen. Dann können wir unseren Gefühlen dankbar sein, daß sie uns die Veranlassung geben, über uns selbst nachzudenken.

Manchmal sind unsere Gefühle auch Warnungen, die wir an uns selbst richten. Unsere Angst kann uns sagen: Plane realistischer, laß dir mehr Zeit für das Durchdenken deines Projektes. Oder wir geben uns einen ganz grundlegenden Hinweis: Ich habe Angst vorm Sterben..., ich habe Angst, das Leben zu versäumen...

Mit der Zeit kannst du die geheime Sprache deiner Gefühle immer genauer enträtseln. Laß deine Gefühle wissen, daß du sie verstehen möchtest. Du gibst dir sicherlich Mühe, deine Frau oder deinen Mann, deine Kinder, deinen Chef zu verstehen. Deine Gefühle sollen die gleiche Zuwendung genießen. Sie können dein bester Ratgeber und Vertrauter werden.

Sich distanzieren

Manchmal wünschen wir uns etwas mehr inneren Abstand: wenn wir uns über jemanden ärgern, wenn wir jemanden als herrschsüchtig empfinden, wenn uns jemand Unrecht getan hat. Du kannst dich selbst von dieser Person distanzieren, indem du diese einfache Meditation benutzt.

Setz dich bequem hin und schließ deine Augen. Achte darauf, daß Arme und Beine nicht gekreuzt sind. Gestatte dir einen tiefen Atemzug und atme langsam und vollständig aus. Laß deinen Atem langsamer und tiefer werden. Such dir jemanden aus, zu dem du dir etwas mehr gefühlsmäßigen Abstand wünschst. Stell dir vor, daß diese Person in einem kleinen Ruderboot wartet, und sieh, daß sie ganz zufrieden dort sitzt. Achte darauf, daß du nicht den Wunsch hast, diese Person zu bestrafen oder völlig aus deinem Leben zu verbannen. Du möchtest nur etwas mehr inneren Abstand zwischen dich und diesen Menschen bringen.

Stell dir vor, daß du deine Kraft benutzt, um das Boot vom Land wegzustoßen, weg von der Stelle, wo du selbst stehst. Sieh, wie das Boot sich weiter und weiter von dir entfernt und immer kleiner wird, bis es am Horizont verschwindet.

Während du zuschaust, wie sich das Boot entfernt, möchtest du vielleicht ein paar Worte sagen: Vielleicht möchtest du der Person mitteilen, daß du dich in deinen Gedanken nicht mehr soviel mit ihr beschäftigen möchtest; vielleicht möchtest du der Person sagen, daß du ihr verzeihst, daß sie dich verletzt hat; vielleicht möchtest du ihr mitteilen, daß du sie verstehst, aber daß die Chemie zwischen euch einfach nicht stimmt; vielleicht möchtest du der Person auch sagen, daß du ihr noch nicht verzeihen kannst, aber ihr auch nichts Böses wünschst...

Spüre einfach, daß du diese Person aus den Fesseln deiner negativen Aufmerksamkeit entläßt und dich auf diese Weise selbst freier machst.

Und wenn dieser Mensch das nächste Mal deine innere Aufmerksamkeit dominiert, dann setz ihn in deiner Vorstellung wieder in das kleine Boot, gib dem Boot einen kräftigen, imaginären Stoß und laß ihn wieder kleiner und kleiner werden und auf dem großen Ozean des Lebens verschwinden. Gib diesem Menschen das Recht, so zu sein, wie er ist, und gib dir das Recht, deine negative Bindung an ihn zu lösen.

Und nun reck und streck dich ein wenig, atme einmal tief aus, öffne die Augen und sei wieder hier, erfrischt und wach.

Einen Knoten lösen

Manchmal bemerken wir, daß unsere Gedanken immer um dieselbe Person, um dasselbe Thema kreisen. Jemand hat z. B. eine Bemerkung zu uns gemacht, und die geht uns nicht aus dem Kopf. In uns bildet sich eine Art Knoten, den wir nicht sofort lösen können, weil uns der Schlüssel zum Verständnis des Problems fehlt. Solche Knoten lähmen unsere Energie, und es hilft auch nichts, daß wir den Versuch machen, die ganze Angelegenheit zu vergessen. Es ist besser, wenn wir uns etwas Zeit nehmen, um diesen inneren Knoten zu verstehen. Dafür können wir eine einfache Meditation benutzen.

Setz dich bequem hin und schließ die Augen. Achte darauf, daß Arme und Beine nicht gekreuzt sind, und mach deinen Rücken ganz gerade. Schenk dir einen tiefen Atemzug und atme langsam und vollständig aus. Laß deinen Atem tiefer und langsamer werden...

Laß dir ein Thema, eine Person, eine Situation einfallen, mit denen du dich in letzter Zeit häufig beschäftigt hast, ohne daß du das damit verbundene Problem befriedigend klären konntest. Stell dir vor, daß deine Gedanken wie ein großes Knäuel Wolle vor dir liegen. Sieh dieses große Knäuel Wolle möglichst deutlich. Gib dem Knäuel eine Farbe, ein Gewicht, eine Struktur. Ist die Wolle stramm aufgewickelt oder lose? Sind Knoten darin? Hast du das Gefühl, daß du dieses Knäuel leicht entwirren kannst, oder wirst du Geduld brauchen?...

Nun kannst du anfangen, dieses Knäuel zu entwirren. Spüre,

daß sich deine Gedanken gleichzeitig entwirren. Vielleicht triffst du bei diesem Prozeß auf irgendein Problem: Du findest einen Knoten, oder der Faden ist gerissen. Dann löse das Problem langsam und sorgfältig. Benutze deine Kreativität und laß dir Zeit. Vertraue darauf, daß du auch deine Gedanken und deine Konfusion geklärt hast, wenn du die Wolle vollständig entwirrt hast. Du mußt die Wolle nicht neu aufwickeln. Du kannst sie in deiner Vorstellung auf ein Tablett legen, wo sie von der Sonne beschienen wird... Vielleicht bekommt sie auch eine schöne neue Farbe... (1 – 2 Minuten)

Stell dir nun vor, daß all die Wolle lose vor dir in einem lockeren Haufen liegt. Oben auf diesem Haufen kannst du ein Bild sehen, das ausdrückt, worüber du dir Gedanken machst. Vielleicht ist da auch irgendein Wort. Gib dir die Erlaubnis, ein solches Bild oder ein solches Wort zu finden, und laß dir Zeit dabei. Vielleicht verstehst du dieses Bild oder Wort unmittelbar; vielleicht kommt dieses Verständnis aber auch erst später; vielleicht ist das Bild oder das Wort noch rätselhaft für dich, oder es ist ganz unerwartet. Das ist völlig in Ordnung. Und ob du das Bild oder das Wort gleich verstehen kannst oder nicht, ob du es akzeptieren magst oder nicht, vertraue darauf, daß Einsicht und Klarheit sich einstellen werden.

Laß dir ein paar Minuten Zeit, um über diese Erfahrung nachzudenken und über die Einsichten, soweit sie sich jetzt schon eingestellt haben. Spüre dein Vertrauen, daß du dieses Problem immer besser verstehen wirst und daß du noch weitere Einsichten gewinnen wirst, um das Problem, das dich beschäftigt hat, lösen zu können... (2 – 3 Minuten)

Und nun kannst du dir selbst etwas Anerkennung geben für die Geduld, die du aufgebracht hast, und für die Kreativität, mit der du an diesem Knoten in dir gearbeitet hast.

Reck und streck dich ein wenig, atme einmal tief aus und öffne dann deine Augen. Sei mit deiner Aufmerksamkeit wieder hier, erfrischt und wach.

Lass dich überraschen

Wenn wir neue Wege gehen, neue Strategien für unser Unternehmen entwickeln, neue Produkte oder Dienstleistungen erfinden, wenn wir neue Kunden gewinnen oder neue Vertriebssysteme installieren, dann begeben wir uns in den Bereich des Möglichen. Wir hoffen, daß unsere neuen Schritte erfolgreich sein mögen. Dabei ist es ganz normal, daß ein Teil unserer innovativen Aktionen fehlschlägt. Dann probieren wir eben etwas anderes aus.

Um so vorgehen zu können, brauchen wir Risikobereitschaft. Wenn wir Risikobereitschaft genauer betrachten, dann können wir auch sagen: „Wir brauchen eine gewisse innere Distanz zu den gewünschten Ergebnissen." Innere Distanz bedeutet: Wir freuen uns, wenn wir erfolgreich sind, aber wir lassen uns von einem Mißerfolg nicht aus dem Gleichgewicht bringen.

Wir können Meditation benutzen, um unsere Angst vor Mißerfolgen abzubauen und statt dessen Neugier zu kultivieren und die Bereitschaft, uns von unseren eigenen Experimenten überraschen zu lassen.

Setz dich bequem hin und schließ die Augen. Achte darauf, daß Beine und Arme nicht gekreuzt sind. Schenk dir einen tiefen Atemzug und atme langsam aus. Laß deinen Atem tiefer und langsamer werden, ganz entspannt. Vielleicht bist du auch bereit, ein kleines Lächeln auf deine Lippen zu zaubern. Dann bist du für diese Meditation hervorragend gerüstet.

Such dir irgendeine Situation aus der jüngsten Vergangenheit oder der Gegenwart aus, in der du dir ein wichtiges Ziel gesetzt hattest: Ich möchte jetzt den nächsten Karriereschritt machen; ich möchte dieses neue Produkt fertigstellen; ich möchte mich von diesem Mitarbeiter endlich trennen.

Nun entscheide dich dafür, daß du etwas innere Distanz zwischen dich und dein ersehntes Ziel bringst. Stell dir vor, daß du dein ersehntes Ziel in den Korb eines wunderschönen großen Heißluftballons legst. Da dieses Ziel weiterhin wichtig für dich ist, leg es ganz respektvoll in den Korb und sieh dann, wie der Korb mit deinem Ziel nach oben schwebt. Folge dem Heißluftballon mit deinen Augen und sieh, daß von allen Seiten andere Heißluftballons hochsteigen. Alle diese Ballons tragen Ziele, die genauso wichtig und nützlich sein können wie dein eigenes Ziel. Bald ist der Himmel voller Heißluftballons in allen Farben und Größen. Du siehst vielleicht Ballons in der Form einer Eistüte, eines Elefanten, eines Hauses. Genieße diesen bunten Anblick vor einem wunderschönen blauen Sommerhimmel.

Nun geh mit deiner Aufmerksamkeit zurück in deinen Alltag, wo du dir Sorgen machst, ob du dein Ziel auch wirklich erreichst. Erinnere dich daran, daß es so viele Heißluftballons gibt – von dir selbst und den anderen Menschen. Beschließe, daß du das Ergebnis mit Interesse abwarten willst, mit einem Minimum an Angst. Das bedeutet nicht, daß du aufhörst, deine Karriereziele zu verfolgen, daß du hart daran arbeitest, dein neues Produkt wirklich überlegen zu machen, oder daß du dich beraten läßt, wie du dich von deinem Mitarbeiter trennen kannst. Es bedeutet einfach, dich von der fixen Idee zu trennen, daß dein Wohl und Wehe davon abhängt, ob du dieses Ziel auch wirklich erreichst. Vielleicht hilft es dir, wenn du anerkennst, daß wir selten wissen, was zu einem gegebenen Zeitpunkt das beste Ziel für uns ist, und daß wir nicht übersehen können, welche anderen Möglichkeiten sich ergeben, wenn wir eine klare Enttäuschung erleben.

Du wirst in diesem Jahr nicht befördert: Das gibt dir die Freiheit, über den Wechsel in ein anderes Unternehmen nachzudenken oder deine Prioritäten neu zu ordnen.

Dein neues Produkt wird kein Erfolg: Vielleicht bringt dich das dazu, ein anderes Produkt in Angriff zu nehmen, über das du schon lange nachgedacht hast, ohne dich an dieses Projekt heranzutrauen.

Du kannst dich von deinem Mitarbeiter nicht trennen: Statt dessen arbeitest du an deinen Führungsqualitäten und findest Wege, wie du deine Autorität und Standfestigkeit vergrößern kannst.

Du kannst diese Schritte öfter wiederholen in Situationen, die Angst auslösen. Angst ist eine sehr zähe Angewohnheit, und um Angewohnheiten aufzulösen, müssen wir bereit sein, ungewöhnliche Dinge zu tun. Unsere wichtigen Ziele in einen bunten Heißluftballon zu packen, kann so etwas Ungewöhnliches sein. Atme und freue dich an dem Bild, wie die vielen, vielen bunten Ballons über den Himmel ziehen und ab und zu sanft aneinanderstoßen.

Nun kannst du dich ein wenig recken und strecken und ausatmen. Öffne die Augen und sei wieder hier, erfrischt und wach.

Ich bin ich, und du bist du

Wir müssen immer an unseren Führungsqualitäten arbeiten. Manchmal bemerken wir, daß wir mit einem Kollegen oder einer Führungskraft ein Autoritätsproblem haben. Wir fühlen uns zu geborenen Führern hingezogen und haben die Tendenz, ein solches Vorbild entweder zu idealisieren oder mit ihm zu rivalisieren. Manchmal müssen wir unsere mangelnde Bereitschaft anerkennen, selbst mehr persönliche Verantwortung zu übernehmen. Wenn z. B. eine Autoritätsperson nicht unseren idealen Erwartungen entspricht, dann verhalten wir uns wie ein Opfer und reagieren mit Vorwürfen, Urteilen oder Angriffen, oder wir reagieren enttäuscht, vermeiden die Autoritätsperson und ziehen uns zurück. Wenn wir aggressiv reagieren, dann ist das vielleicht der erste Schritt auf dem Wege zu einer verbesserten eigenen Autorität, aber wir benutzen das ungeeignete Mittel. Wenn wir uns zurückziehen, dann stagnieren wir auf dem Wege zu unserer eigenen persönlichen Autorität.

Wenn wir unsere eigene Autorität benutzen, dann vertrauen wir auf unsere Talente und Qualifikationen, und wir schätzen die Zusammenarbeit mit Kollegen und ehren Menschen, die vorzügliche Führer sind.

Ob wir Kollegen oder Vorgesetzte nun bewundern oder verachten, wir machen dabei einen grundlegenden Fehler: Wir halten nicht den richtigen psychologischen Abstand zu ihnen. Wenn wir sie bewundern oder verachten, übersehen wir einfach, daß diese Personen, die unsere Gefühle im Guten und im Schlechten erregen, ein Selbst sind, genau wie wir. Meditation kann dir dabei helfen, eine geeignete Perspektive zu entwickeln.

Setz dich bequem hin und schließ deine Augen. Achte darauf, daß Arme und Beine nicht gekreuzt sind. Schenk dir selbst einen tiefen Atemzug und atme langsam aus. Laß deinen Atem tiefer und etwas langsamer werden.

Nun schließ die Welt um dich herum für eine kurze Weile aus... Denke an irgend jemanden, mit dem du Schwierigkeiten hast. Das kann durchaus eine Autoritätsperson sein, der gegenüber du das Gefühl hast, innerlich unsicher, ängstlich, enttäuscht oder ärgerlich zu sein. Es kann auch jemand sein, den du idealisierst, ohne ihn wirklich zu kennen.

Nun laß deine normalen Gedanken, Gefühle und Assoziationen herankommen, nimm sie wahr und laß sie vorbeiziehen. Konzentriere dich allmählich auf den Gedanken, daß diese Person – wie du – ein Selbst ist, ein Mensch mit seinem eigenen, persönlichen Schicksal. Mach dir alles klar, was du über diese Person weißt und was du vielleicht jetzt nur ahnen kannst, ohne es genau belegen zu können.

Und wenn deine Aufmerksamkeit wandert, dann kehre zu dem Gedanken zurück, daß dieser andere Mensch ein Selbst ist, das nicht nur definiert ist durch die Position im Unternehmen, durch Erfolge, durch seine Anhänger. Auch diese Person ist verletzlich und sterblich und darum demselben Schicksal unterworfen wie du selbst.

Vielleicht möchtest du deine Intuition um ein Bild bitten, das das innere Selbst dieser Person symbolisch ausdrückt. Vielleicht bekommst du auf diese Weise ein Bild, ein Wort oder irgendeinen anderen symbolischen Hinweis. Betrachte das mit Respekt. Es ist möglich, daß dir dieses Symbol eine neue tiefe Einsicht über die Person schenkt oder sogar ein neues Mitgefühl... (2 – 3 Minuten)

Sei dankbar für alle Einsichten, auch wenn sie vielleicht unvollständig sind. Und wenn du eine kleine Veränderung in deinem Verhalten oder in deinem Verhältnis zu dieser Person beabsichtigst, dann kannst du dir das jetzt vornehmen.

Mit dieser speziellen Meditation kannst du versuchen, andere Menschen besser zu verstehen und in einer angemessenen Perspektive zu betrachten, Menschen in deiner beruflichen Umgebung und in deinem privaten Lebenskreis.

Und nun kannst du dich ein wenig recken und strecken, einmal tief ausatmen und deine Augen wieder öffnen. Sei wieder hier, erfrischt und wach.

EIN SCHÖNES, WILDES TIER

Ärger ist ein unangenehmes Gefühl. Wir können ihn mit einer heißen Flamme vergleichen, die unsere Selbstkontrolle manchmal verbrennt und uns dazu verführt, daß wir Dinge sagen oder tun, die wir später bereuen. Chronischer Ärger und Haß sind noch unangenehmer. Sie vergiften unseren Alltag und verhindern, daß wir uns glücklich fühlen. Denn die Grundlage für unser Glück sind Liebe und Mitgefühl.

Darum ist es angebracht, daß wir unserem Ärger Aufmerksamkeit schenken, wenn er entsteht. Wir können beginnen, aufmerksam zu atmen, und im stillen zu uns sagen: „Ich atme ein und weiß, daß ich ärgerlich bin. Ich atme aus und ich weiß, daß ich ärgerlich bin."

Wenn wir unseren Ärger so zur Kenntnis nehmen, dann tun wir etwas, was nicht selbstverständlich ist. Normalerweise konzentrieren wir unsere ganze Energie auf die Person, die uns ärgerlich macht. Wir zählen innerlich alle abscheulichen Dinge auf, die uns an dieser Person stören: ihre Grobheit, Unaufrichtigkeit, Grausamkeit, ihr Ehrgeiz, ihr Machtstreben. Und je mehr wir über die Person nachdenken, je mehr wir sie ärgerlich betrachten, desto stärker lodert die Flamme unseres Ärgers. Es ist nicht entscheidend, ob diese Person wirklich unaufrichtig oder machtgierig ist oder ob wir uns das nur einbilden. Der Kern des Problems ist der Ärger selbst, und darum ist es gut, wenn wir uns von der Person abwenden und uns auf unseren Ärger konzentrieren. Wenn wir ärgerlich sind, dann erfüllt uns unser Ärger, und es ist nicht weise, diesen Ärger zu unterdrücken oder ihn wegzujagen. Wir können ihn als Energie benutzen, die unsere Lebensqualität und unser Führungspotential verbessert.

Dazu ist die folgende Meditation gut geeignet:

Setz dich bitte bequem hin und schließ die Augen. Achte darauf, daß Arme und Beine nicht gekreuzt sind. Schenk dir einen tiefen Atemzug und laß die Luft beim Ausatmen langsam aus dir hinausströmen. Gib deinem Atem die Erlaubnis, tiefer und langsamer zu werden.

Stell dir eine große Leinwand vor und sieh dich selbst in einer Situation, in der du sehr ärgerlich bist. Bemerke, daß deine Aufmerksamkeit ganz auf den Auslöser konzentriert ist, der den Ärger verursacht hat. Sieh die Person, auf die du böse bist, und frage dich einen Augenblick, ob dein Ärger auch aus einer Quelle gespeist wird, die in der Vergangenheit liegt. Dieses Verständnis kann dir vielleicht helfen, deinen Ärger zu verstehen, aber du kannst ihn damit noch nicht konstruktiv benutzen. Darum sollst du jetzt einen zweiten Schritt machen. Schau wieder auf die Leinwand und sieh, wie du deine Aufmerksamkeit von dem Auslöser wegwendest – von dem Menschen, von dem klingelnden Telefon, von der Unordnung auf deinem Schreibtisch, von dem Terminkalender usw. Laß den Auslöser ganz von der Leinwand verschwinden und beobachte statt dessen deinen Ärger. Stell dir vor, daß sich dein Ärger in ein schönes, wildes Tier verwandelt, aber sei auch bereit, ein weniger schönes Tier zu sehen, und betrachte dieses Tier. Sieh, wie es sich bewegt, sieh die Energie dieses Tieres. Beobachte eine Weile, was dieses Tier tut, und mach dir klar, daß du einen Blick auf die pure Lebenskraft dieses Tieres wirfst. Sieh das Leben in diesem Tier pulsieren und laß dich von dieser Lebenskraft anstecken. Spüre etwas davon in deinem eigenen Körper. Wenn du willst, kannst du dir das Bild dieses Tieres gut merken. Zu einem späteren Zeitpunkt, wenn du für dich allein bist, kannst du dir ein paar Minuten nehmen, um dich mit diesem Tier zu identifizieren, um dich wie dieses Tier zu bewegen. Bewege dich so lange in der Art und Weise dieses Tieres, bis du dich angenehm erfrischt fühlst.

Nun blicke noch einmal auf die Leinwand und sieh dich selbst mit einem starken Gefühl von Kraft und Zuversicht.

Und das nächste Mal, wenn du wieder einmal ärgerlich bist, dann wiederhole alle diese Schritte. Behalte deinen Ärger da, wo er hingehört, als eines von vielen Gefühlen, das deine emotionale Kraft spiegelt, das dich aber nicht beherrschen muß.

Und nun kannst du dich ein wenig recken und strecken und einmal tief ausatmen. Öffne die Augen und sei wieder hier, erfrischt und wach.

Kapitel 4

TIEFE REGENERATION

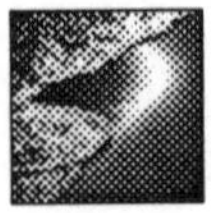

Ein halbes Lächeln

Wir alle wünschen uns innere Ausgeglichenheit, Frieden und Harmonie. Diese Dinge kannst du dir nicht kaufen, aber du kannst sie in dir entwickeln, wenn du bereit bist, tief in dich hineinzugehen. Natürlich ist das oft schwierig. Wenn du einen Beruf hast, der dir täglich neuen Streß bereitet, dann ist das nicht einfach. Es ist gar nicht so leicht, sich ein Umfeld und eine Tätigkeit auszusuchen, wo wir Frieden und Harmonie finden. Aber es gibt ein paar einfache Techniken, die dir deine Balance wiedergeben und ein Mindestmaß an innerer Heiterkeit, auch wenn um dich herum große Hektik herrscht. Wahrscheinlich ist es schwierig für dich, ausführlich zu meditieren, aber du kannst dir immer die Zeit nehmen, um in Ruhe tief zu atmen.

Das kannst du so machen:

Atme ganz tief, immer wenn du dich abgehetzt, unruhig oder erschöpft fühlst. Wenn du tief atmest, hältst du die Zeit an. Und wenn du dann noch ein halbes Lächeln auf deine Lippen kommen läßt, dann geschieht ein kleines Wunder. Und das kannst du jetzt ausprobieren:

Fang einfach an zu lächeln, während du ruhig und tief atmest. Bemerke, wie sehr sich dein Gesicht und dein Atem lösen, während du atmest und lächelst. Gestatte diesem Lächeln, sich in deinem ganzen Körper auszubreiten. Atme und lächle mit deinem ganzen Körper...

Wenn du deinen Lippen gestattest zu lächeln, dann geschieht ein Wunder des Friedens. Du kannst diese kurze Meditation täglich praktizieren und dann bemerken, wie sehr dieses Lächeln zu deinem Wohlbefinden beiträgt und wie sehr dein Wohlbefinden anderen hilft, weil du dann in einer heiteren Stimmung bist, nachdem du tief geatmet und gelächelt hast. In deinem Lächeln steckt eine Kraft, die ansteckend wirkt – die Kraft des Friedens und des inneren Gleichgewichts. Du kannst diese Kraft jeden Tag aktivieren, und das kostet dich gar nichts. Diese innere Ruhe trägt dazu bei, daß du Zuversicht entwickelst. Sie ist ein wesentlicher Teil deiner Selbstachtung.

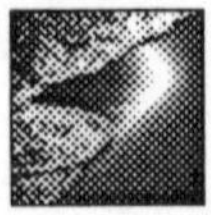

Hüter des Hauses

Kannst du dich mit dem Gedanken vertraut machen, daß dein Körper ein kostbarer Tempel ist, der deinen Geist, deine Seele und dein Herz beherbergt und das Fundament deiner Existenz? Dein Körper macht es dir möglich, daß du sehen, hören und fühlen kannst, daß du riechen, schmecken und dich bewegen kannst. Durch deinen Körper kannst du dich ausdrücken. Darüber hinaus erfüllt dein Körper unendlich viele Aufgaben, die dir das Leben ermöglichen. Und wenn du das Leben und deine Seele für heilig hältst, dann darfst du deinem Körper den gleichen Respekt erweisen. Wenn du deinen Körper ignorierst und ihn schlecht behandelst, dann ist das ein spirituelles Unglück. Du plünderst deinen eigenen Tempel.

Laß dir darum einen Augenblick Zeit und schenk dir ein paar Minuten das Glück, tief und langsam zu atmen. Schließ deine Augen und sieh das Bild eines Tempels, das dir zeigt, in welcher Verfassung dein Körper ist. Vielleicht wirst du beim Anblick deines Tempels überrascht sein. Aber du kannst von diesem Bild lernen, das dir dein weises Unbewußtes präsentiert. Frage deinen Tempel, was er von dir als seinem Hüter wünscht und braucht... (1 Minute)

Vielleicht bist du bereit, etwas aufmerksamer zu werden und ein guter Hüter des Hauses zu sein, in dem dein Geist wohnt.

Nun reck und streck dich und öffne deine Augen. Atme einmal tief durch und sei wieder hier, erfrischt und wach.

Engel im Schnee

Du kannst deine Lebensqualität wesentlich verbessern, wenn du dir die Zeit nimmst, dich jeden Tag zehn Minuten lang zu strecken und dabei auf deinen Atem und deinen Körper zu achten.

Ich möchte dir eine meditative Streckübung vorschlagen, der ich den Namen gegeben habe: „Ein Engel im Schnee", denn am Ende dieser Übung wirst du dich leichter fühlen und friedlicher und vor allem sehr erfrischt.

Leg dich jetzt auf den Boden, auf deinen Rücken, weit genug entfernt von den anderen Gruppenmitgliedern, so daß du genügend Platz für dich hast. Spreize deine Beine ein wenig und strecke die Arme rechtwinklig zum Körper nach beiden Seiten aus. Nun hebe die Arme ein wenig an, so daß sie knapp über dem Boden schweben, und führe sie ganz langsam nach oben in Richtung deines Kopfes, bis sich deine Hände über deinem Kopf berühren. Achte dabei auf deinen Atem und sorge dafür, daß du durch die Nase und möglichst durch beide Nasenlöcher gleichmäßig atmest. Achte auch auf deinen Brustkorb und sorge dafür, daß sich deine Rippen leicht und gleichmäßig bewegen können. Bemerke auch die Streckung der Muskeln an deinen Armen und Schultern, in Rücken und Brust.

Wenn deine Arme einen Zyklus beendet haben, dann bring sie wieder in ihre Ausgangslage und laß sie den nächsten Zyklus beginnen. Konzentriere dich vollständig auf deinen Körper und deinen Atem. Freu dich auf den Augenblick, wo du jenes leichte, angenehme Prickeln bemerken kannst, mit dem sich am Ende der Übung die Lebenskraft in Beinen und Füßen meldet. (5 – 8 Minuten)

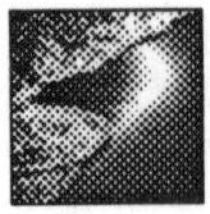

Stress und Spannung lindern

Du wirst in deinem Leben immer wieder Zeiten erleben, in denen du unter besonderem Druck stehst, Zeiten, in denen du dich angespannt und ermüdet fühlst, Zeiten mit seelischer Aufregung oder mit Kummer. Dann hast du die Verantwortung, für Seele, Körper und Geist zu sorgen, damit du nicht bitter wirst, reizbar, ungerecht oder selbstsüchtig. Und wenn du dir genug neue Lebenskraft zugeführt hast, wirst du auch wieder bereit sein, für andere zu sorgen, für deine Mitarbeiter, für deinen Partner oder für deine Kinder.

Diese Meditation kannst du in jeder Position machen. Im Augenblick schlage ich vor, daß du dich bequem hinsetzt und die Augen schließt. Achte darauf, daß Beine und Arme nicht gekreuzt sind. Mach deinen Rücken ganz gerade, atme einmal tief und voll durch die Nase ein und laß die Luft langsam aus dir hinausströmen. Sorge dafür, daß dein Atem etwas tiefer und etwas langsamer wird. Denke daran, durch die Nase zu atmen.

Nun stell dir vor, daß ein heller, sauberer, warmer Sand von oben nach unten durch deinen Körper fließt. Beginne bei deinen Schultern und spüre dieses Fließen ganz sanft und leicht, so als ob sich dein ganzer Körper – vom Nacken beginnend – füllt, bis zu deinen Zehenspitzen. Du kannst dir aber genauso gut vorstellen, daß du dich anstelle von Sand mit warmem, klarem Wasser füllen läßt oder mit einem wunderschönen warmen Licht, das jede Farbe haben kann, oder mit jeder anderen Substanz, die deinem Körper ein behagliches, friedliches Empfinden schenken kann.

Wenn du willst, kannst du dir auch vorstellen, daß sich dein

Kopf füllt. Bemerke einfach, welche angenehmen Empfindungen dein Körper spürt, während er sich mit warmem, hellem, klarem Sand füllt.

Bemerke die natürliche, angenehme Schwere und die innere Wärme, die sich entwickeln, während sich deine Arme und Beine, dein ganzer Rumpf, Hände und Füße, mit dem Sand füllen. Gestatte deinem Körper einfach, darauf zu reagieren, und bemerke dies. Sonst mußt du nichts tun, lediglich spüren, wie der Sand dich langsam anfüllt... (1 Minute)

Du kannst dir jetzt auch vorstellen, daß der Sand alle Müdigkeit aufsaugt – Streß, Schmerzen und alles sonst, was du jetzt gerne loswerden möchtest. Schenke dir selbst genügend Zeit, damit der Sand alles in sich aufnehmen kann, was du loslassen möchtest. Bemerke, wie dein Körper antwortet, wenn der Sand seine Arbeit tut und all die Anstrengungen aufnimmt, die dein Körper mit sich herumgetragen hat. Laß dir genügend Zeit, um die heilsame Arbeit des Sandes zu spüren und die Erleichterung, die dir das bringt... (2 – 3 Minuten)

Und nun kannst du den Sand aus deinem Körper hinausfließen lassen – aus deinen Händen und aus deinen Fußsohlen, auch aus Fingern und Zehen. Stell dir vor, daß der Sand tief hinabfließt in das Zentrum der Erde, wo er schmilzt und gereinigt wird. Auch wenn du dich zuvor mit Licht oder mit einer anderen Substanz gefüllt hast, dann laß dies jetzt aus dir hinausfließen, so daß du dich erfrischt und befreit fühlen kannst... (1 Minute)

Kehre jetzt mit deiner Aufmerksamkeit wieder zu deinem Atem zurück und gestatte dir beim nächsten Einatmen, dich vollständig mit dem lebenspendenden Sauerstoff zu füllen. Wenn du ausatmest, dann verweile einen Augenblick an jenem ruhigen Punkt zwischen Einatmen und Ausatmen und genieße das Schweigen, das du dort findest.

Und nun kannst du dich ein wenig recken und strecken und die Augen wieder öffnen. Komm mit deiner Aufmerksamkeit hierher zurück, erfrischt und wach.

Mit dem Körper lächeln

Du kannst jetzt ein kleines Experiment machen, indem du dir vorstellst, daß das Unternehmen, in dem du arbeitest, ein Gesicht hat. Vielleicht ist das ein menschliches Gesicht, vielleicht siehst du das Gesicht eines Tieres, das Gesicht einer Pflanze oder irgendein anderes Gesicht. Versuche, den Ausdruck dieses Gesichtes zu erkennen. Ist es ein ernstes Gesicht? Ein bedeutungsvolles Gesicht? Ein aggressives Gesicht? Ein gieriges, lachendes oder depressives Gesicht? Ein leeres oder ein lebendiges Gesicht? Das Gesicht deiner Organisation setzt sich zusammen aus den Gefühlen all der Menschen, die für dieses Unternehmen arbeiten und leben. Ich will dir einen Weg zeigen, wie du ein wenig dazu beitragen kannst, daß dein Unternehmen ein freundliches Gesicht bekommt.

Setz dich bequem hin und schließ die Augen. Achte darauf, daß Arme und Beine nicht gekreuzt sind. Schenk dir einen tiefen, erfrischenden Atemzug und atme gründlich aus. Laß deinen Atem ruhiger und vollständiger werden und achte darauf, daß du durch die Nase atmest...

Erinnere dich an irgendein Lächeln eines Menschen, das dein Herz gewärmt hat. Sieh dieses Lächeln und laß dich davon inspirieren. Du hast wie jeder Mensch die Fähigkeit zu lächeln und damit auszudrücken, daß du in dir das Vermögen hast, freundlich und liebevoll auf dich selbst, auf die Menschen in deiner Umgebung und auf das Universum um dich herum einzugehen...

Und nun kannst du diese Fähigkeit zu lächeln benutzen. Lächle mit deinem Geist. Du bist dazu in der Lage. Lächle noch einmal...

Bring dieses Lächeln jetzt auf deine Lippen und laß es von dort weiterwandern zu deinen Augen, zu deinen Wangen und zu deinem ganzen Gesicht...

Du kannst dir jetzt erlauben, mit deinem Nacken zu lächeln und dann mit deiner ganzen Wirbelsäule. Gib einem Wirbel nach dem anderen ein kleines Lächeln...

Jetzt schenk deinem ganzen Rücken ein Lächeln. Laß dieses Lächeln sich ausdehnen auf deinen Bauch, auf deine Nieren, auf deine Leber. Laß es deinen Brustkorb füllen und die beiden Seiten deiner Lunge...

Und nun laß auch dein Herz lächeln, und laß das Lächeln weiterwandern in deine Schultern, deine Arme hinab bis in deine Hände und Finger. Laß dein Lächeln seinen Weg finden in deine Beine, Schenkel, Knie und Knöchel, bis in deine Füße und Zehen...

Vielleicht weißt du einen Platz in deinem Körper, der noch nicht lächelt, dann laß das Lächeln auch dorthin gehen... so daß dein ganzer Körper sich entspannt und friedlich anfühlt. Und während du mit deinem ganzen Körper lächelst, kannst du die Kraft deines Lächelns weit aus dir hinausstrahlen lassen, das Universum um dich herum grüßen und dich mit ihm verbunden fühlen...

Und nun kannst du dich wieder recken und strecken, einmal tief ausatmen und deine Augen öffnen. Schau dich im Raum um und sieh, ob du in den Augen und auf den Gesichtern der anderen Gruppenmitglieder etwas von der Energie des Lächelns, von der Lebenskraft selbst entdecken kannst.

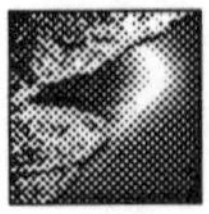

Sitzen wie ein Berg

Du kannst die folgende Meditation für dich anwenden, wenn du deine Kräfte regenerieren möchtest und gleichzeitig deine innere Essenz als Führer stärken willst. Jeder Führer kennt die spezifischen Belastungen einer herausgehobenen Position: Flagge zeigen, beobachtet werden und oft mit ausgesprochener und unausgesprochener Kritik konfrontiert. Daraus resultiert oft eine gewisse Müdigkeit und der Wunsch, sich doch wenigstens zeitweilig unsichtbar zu machen. Allzugern begeben wir uns dann in den Windschatten stärkerer Führer und versuchen, unseren Einfluß nicht direkt, sondern aus dem Hintergrund und informell einzusetzen. Besser ist es, wenn wir unsere eigene Macht entwickeln, unsere eigenen Talente, und den Anschein vermeiden, daß wir uns Macht von Stärkeren borgen. Besser ist es, wenn wir den Mut aufbringen, uns zu exponieren und Verantwortung zu übernehmen. Das können wir um so besser, je stärker wir unseren eigenen Wert spüren, und ein hohes Maß an Selbstwertgefühl gestattet es uns, unsere eigenen Stärken und Schwächen realistisch zu sehen und auch nach außen dazu zu stehen.

Wenn du dir von Zeit zu Zeit die Erlaubnis gibst, wie ein Berg zu sitzen, dann kannst du diese wichtigen Qualitäten des Führers in dir verstärken. Du kannst dir von dem archetypischen Bild des Berges jene Qualitäten borgen, die du als Führer brauchst – Präsenz, Ruhe, Unerschütterlichkeit und die Bereitschaft, für die Menschen, die dir anvertraut sind, als Wächter und als Beschützer aufzutreten.

Setz dich dafür bequem hin und mach deinen Rücken ganz

gerade. Achte darauf, daß Arme und Beine nicht gekreuzt sind. Schenk dir einen tiefen Atemzug und atme langsam und gründlich wieder aus. Laß deinen Atem ruhig und langsam werden und einen ganz natürlichen, gesunden Rhythmus finden. Entscheide selbst, an welcher Stelle du deine Augen schließen möchtest. Wenn du diese Meditation für dich anwendest, dann ist es ein zusätzlicher Gewinn, wenn du dabei auf einen wirklichen Berg sehen kannst. Aber du kannst auch das innere Bild eines Berges verwenden, um deine Phantasie zu inspirieren. Du kannst das Bild eines Berges vor dir sehen, das dir passend erscheint, und du kannst auch auf Bilder von wirklichen Bergen zurückgreifen. Vielleicht möchtest du an den Kilimandscharo denken, an den Olymp oder an den Berg Sinai. Stell dir den schönsten Berg vor, den du kennst oder den du dir vorstellen kannst, einen Berg, der dich auf persönliche Weise anspricht. Während du dich auf dieses Bild konzentrierst und auf dein inneres Empfinden für diesen Berg, bemerke seine Silhouette vor einem hellen Himmel. Sieh mit deinem inneren Auge den Gipfel, sieh den Fuß des Berges, verankert in dem felsigen Mantel, der die Erde umgibt, sieh die steilen oder sanften Abhänge dieses Berges. Betrachte auch die gewaltige Masse dieses Berges, seine Unerschütterlichkeit, und empfinde die Schönheit dieses Berges, seine charakteristische Form, mit der er sich über seine Umgebung erhebt. Sei dir bewußt, daß dein Berg die universellen Qualitäten jedes Berges verkörpert, nämlich Zeitlosigkeit, Würde, Kraft und die Fähigkeit, in der Erde zu wurzeln und den Himmel zu berühren.

Vielleicht hat dein Berg eine Kappe aus Schnee und Bäume an seinen Flanken; vielleicht hat er eine kühne Spitze; vielleicht hat er einen vulkanischen Krater oder ein hohes Plateau. Wie immer sich dein Berg zeigt, sitze einfach still da und atme im Anblick dieses Berges. Beobachte ihn und bemerke alle seine Qualitäten.

Wenn du bereit bist, dann kannst du versuchen, den Berg durch deinen eigenen Körper auszudrücken, so daß dein Körper, der hier im Raum sitzt, eins wird mit dem Berg, den du mit deinem geistigen Auge siehst. Laß deinen Kopf zum Gipfel des Berges werden, Schultern und Arme zu seinen Flanken; Beine und Gesäß werden zum Fuß des Berges, zur Basis, die ihn mit der Erde verbindet. Spüre in deinem Körper vor allem die vertikale Achse des Berges; spüre das Emporstreben des Berges tief in deiner Wirbelsäule. Gib dir die Erlaubnis, ein atmender Berg zu sein, der in seiner Ruhe nicht wankt oder wackelt, der vollständig präsent ist, konzentriert und in der Erde verwurzelt.

Und dieser Berg sitzt einfach auf der Erde, unter der Sonne am Tag und unter dem Mond in der Nacht. Licht, Schatten und Farben ändern sich von Augenblick zu Augenblick, aber der Berg bleibt unverändert. Tag und Nacht wechseln sich ab, Sonne und Regen wechseln sich ab, aber der Berg bleibt er selbst. Er bleibt unbeweglich und ruhig, während die Jahreszeiten einander abwechseln und mit ihnen das Wetter – Schnee und Sonnenschein, Regen und Trockenheit, Winterstürme und die sanfte Brise des Sommers. Während alles sich wandelt, bleibt der Berg ruhig und still.

Im Sommer sind die Flanken des Berges vielleicht von grünen Wiesen und Wäldern bedeckt mit nur kleinen Schneeresten an den Stellen, die die Sonne nicht erreicht. Im Herbst mag dein Berg einen Mantel aus leuchtenden rot-gelben Farben tragen. Im Winter ist er vielleicht eingehüllt in eine Decke aus Schnee und Eis, und manchmal ist er dann unsichtbar, weil er von Nebel oder Wolken umgeben ist. Das mag eine Enttäuschung sein für alle diejenigen, die den Berg besuchen kommen, aber der Berg läßt sich davon nicht berühren, er bleibt er selbst und ist einfach da.

Du bist einfach da, auch wenn heftige Stürme um dich toben, die dir Schnee oder Regen bringen. Du bist einfach da, der Frühling kommt, und die Vögel in den Bäumen singen, wenn deine Bergwiesen mit Blumen übersät sind und wenn die Bäche des schmelzenden Schnees an deinen Seiten herabfließen. Unter allen Umständen sitzt du da in köstlicher Ruhe, nichts kann dich beeindrucken, was immer auch in der Welt geschieht.

Und indem du den Berg mit deinem Körper, mit deinem Geist und mit deinem Herzen spürst, kannst du diese Ruhe und Konzentration verkörpern, auch wenn sich alles in deinem Leben, in deinem Alltag, von Augenblick zu Augenblick verändert. Aus deinem Leben kennst du Zeiten des Lichtes und Zeiten der Dunkelheit, Zeiten des Erfolges und Zeiten der Niederlage; du kennst Zeiten, wo du säen mußt, und Zeiten, wo du ernten darfst. Aber immer kannst du zurückkehren zu der Ruhe dieses Berges, dich mit seiner Stärke und Stabilität verbinden und dich davon inspirieren lassen. Du kannst die Kraft dieses Berges benutzen für alle deine Anstrengungen, in deinem Leben präsent zu sein, aufmerksam und entschieden. Es kann dir helfen, wenn du deine Gedanken und Gefühle, emotionale Krisen und Katastrophen, Glück und Unglück so betrachtest wie das Wetter und die Jahreszeiten, die kommen und gehen. Zu oft nimmst du das, was mit dir geschieht, persönlich, aber die Wechselfälle des Lebens bilden ein unpersönliches Muster, dem wir alle unterworfen sind. Es ist nicht weise, das wechselnde Wetter deines Lebens zu verleugnen oder zu ignorieren. Es ist weise, Gutes und Böses, was dir geschieht, klar zu bemerken, zu respektieren und darauf einzugehen. Das wird dir leichter fallen, wenn du dich daran erinnerst, daß es bei all den Wechselfällen des Lebens in dir ein ruhiges, stilles, schweigendes und vielleicht auch weises Zentrum gibt. Das kannst du von dem Berg lernen, wenn du bereit bist, ihm zuzuhören. Und je stärker du dich mit deinem Berg identifizierst, desto deutlicher verstehst du auch das Paradoxe dieser Meditation. Du bleibst ein „Berg", der atmet, der sich bewegen möchte, der tanzen möchte, der wachsen möchte, der lernen möchte. Das Bild des Berges kann dir helfen, stabiler zu werden und den Wandel in deinem Leben gelassener hinzunehmen.

Jetzt hast du noch ein wenig Zeit, als Berg dazusitzen. Du kannst dich fragen, was du von dem Berg lernen kannst. Wie kannst du das Bild des Berges in deinem täglichen Leben benutzen? Bist du bereit, anderen dasselbe zuzugestehen, daß jeder sein eigener Berg ist, mit einmaligen Qualitäten? (2 – 3 Minuten)

Und nun kannst du dich von deinem Berg verabschieden. Du kannst dich ein wenig recken und strecken und einmal tief ausatmen. Öffne die Augen und sei wieder hier, erfrischt und wach.

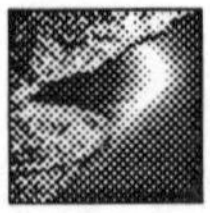

Eine Blüte öffnet sich

Wenn du sehr viel Verantwortung zu tragen hast, wenn du viele Aufgaben erledigen mußt und wenn du den Eindruck hast, daß du im Mahlstrom deiner täglichen Routine beinahe untergehst, dann ist es wichtig, von Zeit zu Zeit daran zu denken, daß du ein eigenes Leben hast, jenseits aller Verpflichtungen und Ablenkungen.

Manchmal ist es nicht leicht herauszufinden, was eigentlich das eigene Leben ist. Aber wenn du dich nach innen wendest und auf deine Intuition hörst, dann hast du eine faire Chance, der Stimme deines eigenen Lebens zu begegnen.

Setz dich bequem hin und mach deinen Rücken ganz gerade. Achte darauf, daß Arme und Beine nicht gekreuzt sind. Schenk dir einen tiefen Atemzug und atme langsam und vollständig aus. Laß deinen Atem tiefer und ruhiger werden und schließe deine Augen. Laß deine Schultern locker werden, deinen Nacken, deinen Kopf, deine Kehle, deine Augen, deine Kiefernmuskeln. Entspanne auch Arme und Hände und genieße die Ruhe, die du jetzt empfinden kannst. (1 Minute)

Und nun stell dir eine Rose vor. Es kann ein Rosenstrauch sein, eine Kletterrose oder eine einzelne Edelrose, ganz wie du möchtest. Sieh mit deinem geistigen Auge die Wurzeln, die Zweige und die Blätter. Irgendwo oben oder an der Seite kannst du eine Knospe sehen. Sieh, daß diese Rosenknospe noch geschlossen ist und von grünen Kelchblättern umhüllt.

Nun sieh, wie sich die Kelchblätter langsam öffnen, langsam rollen sie sich zurück, und du schaust zu, wie sich die Blüte immer mehr öffnet. Du kannst dieser Blüte jede Farbe geben, die du dir im

Augenblick wünschst. Wenn du willst, kannst du so dicht an die Blüte herangehen, daß du ihren Duft wahrnimmst.

Du schaust weiter auf die Rose und läßt sie sich in einem Rhythmus öffnen, den du innerlich mitvollziehen kannst. Beobachte, wie die Rose sich dem Licht öffnet und all ihre Schönheit zeigt.

Bemerke den Duft der Rose deutlicher und nimm ihn tief in dich auf.

Nun schau in das Zentrum der Blüte, wo ihre Lebenskraft am stärksten ist. Laß dir von dieser Stelle irgendein Bild schenken. Dieses Bild wird ein Hinweis und ein Symbol sein auf das, was in deinem eigenen Leben gerade jetzt ans Licht kommen möchte – etwas sehr Bedeutungsvolles, Schönes, Kreatives. Vielleicht siehst du ein Bild, oder es kommt ein Wort oder ein Ton oder irgend etwas anderes. Laß einfach auftauchen, was sich jetzt zeigen will, ohne besondere Erwartung und ohne irgendeine Anstrengung.

Sei einfach aufnahmebereit für das Bild, das sich von selbst zeigen will. Nimm dir Zeit, es in Ruhe zu betrachten. Vielleicht hat dieses Bild eine Botschaft für dich. Gestatte dir, für diese Botschaft offen zu sein. Vielleicht ist auch das Bild selbst schon die Botschaft, die du brauchst. (1 – 2 Minuten)

Vielleicht verstehst du diese Botschaft leicht, aber vielleicht brauchst du auch etwas Zeit, um sie zu verstehen. Manchmal geht es uns mit solchen Bildern wie mit unseren Träumen: Wir brauchen etwas Zeit, um uns damit vertraut zu machen.

Bewahre diese Botschaft gut in deiner Erinnerung auf, damit du dich weiter damit beschäftigen kannst. Vielleicht möchtest du später mit dieser Botschaft einen Dialog führen oder einfach weiter darüber nachdenken. Vielleicht möchtest du dich mit einem guten Freund darüber unterhalten oder ein paar Zeilen aufschreiben.

Du kannst dir immer wieder eine stille Pause gönnen, um dir solche Bilder schenken zu lassen, die dir Auskunft geben über dein eigenes inneres Leben, und du kannst Wege finden, wie du diese Botschaften mit deiner Lebenspraxis verbinden möchtest.

Nun kannst du dich etwas recken und strecken und einmal tief ausatmen. Öffne die Augen und sei wieder hier, erfrischt und wach.

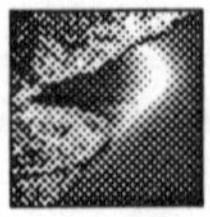

Sitzen wie ein See

Du kennst die weitverbreitete Tradition, Vorgänge im Geschäftsleben durch die Verwendung militärischer Bilder zu beschreiben: Wir müssen eine Offensive starten; unser Konkurrent greift uns auf einem speziellen Geschäftsfeld an; wir wollen zurückschlagen; Erfolge werden als Siege gefeiert und Mißerfolge als Niederlage. Wer sein geschäftliches Denken hauptsächlich in den Kategorien von Sieg oder Niederlage organisiert, bringt eine aggressive Note in sein Leben. Es besteht dann die Gefahr, daß wir stets unseren eigenen Vorteil suchen und eine Rücksichtslosigkeit entwickeln, die auf uns selbst zurückschlägt. Langfristig gesehen folgt auch das Geschäftsleben dem Gesetz von Geben und Nehmen. Wir können es uns als einen Kreislauf vorstellen, als einen Austausch von Bedürfnissen und Lösungen, von Produkten und Dienstleistungen, an dem alle beteiligt sind – Kunden, Produzenten und Konkurrenten. Wenn wir es vermeiden, nur den eigenen Vorteil zu sehen, dann tragen wir dazu bei, daß unser Geschäft lebensfähig und erfreulich bleibt. Wir sind dann viel mehr auf der Seite der universellen Gesetze des Lebens, die uns darauf hinweisen, daß alles miteinander verbunden ist: Gerade wenn wir selbst den Wunsch haben, aktiv zu sein und unser Geschäft voranzubringen, dann brauchen wir auch Aufnahmebereitschaft.

Ein schönes Bild für Aufnahmebereitschaft bietet uns das Wasser. Es nimmt alles auf; es kann sanft oder kräftig daherkommen; es findet überall seinen Weg und es ist bereit, sich in einem großen Kreislauf zu bewegen. Wir sehen es in den Wolken am Himmel, im Eis der Gletscher und in den Tiefen des Ozeans.

Wasser kannst du für deine Meditation benutzen, indem du dir das Bild eines Sees vorstellst. Du weißt, daß das Wasser sich an der tiefsten Stelle sammelt. Es findet von selbst seinen Weg und liebt es, ein Gefäß zu finden, in dem es zur Ruhe kommt. Stell dir irgendeinen See vor, tief oder flach, blau oder grün, trüb oder klar. Wenn kein Wind weht, dann ist die Oberfläche des Sees glatt wie ein Spiegel. Wie ein Spiegel reflektiert der See Bäume, Wolken, Felsen und Himmel. Der Wind kann diesen Spiegel zeitweilig zerbrechen und kleine Wellen und große Wogen erzeugen, dann kann sich nichts mehr im Wasser spiegeln, dafür blitzt das Sonnenlicht in den Kronen der Wellen und verwandelt die Gischt in tausend funkelnde Diamanten. In der Nacht tanzt der Mond auf den Wellen, oder wenn es windstill ist, sehen wir ganz deutlich sein Spiegelbild über den Silhouetten von Bäumen und Schatten. Im Winter kann der See zufrieren, so daß er uns leblos erscheint, aber wir wissen, daß unter dem Eis Bewegung und Leben weitergehen. Wenn du ein eigenes Bild für einen passenden See gefunden hast, dann kannst du dir gestatten, daß du mit dem Bild dieses Sees eins wirst. Vielleicht willst du sitzen bleiben, die Augen schließen und spüren, wie der See sich in dir ausbreitet, so daß du selbst das Gefäß dieses Sees sein kannst; vielleicht willst du dich hinlegen und im Liegen das Gefäß für den See sein...

Laß dein Bewußtstein deine Gedanken, Gefühle und deine Lebenskraft halten, so wie das Wasser des Sees durch seine Ufer und das Becken in der Erde gehalten wird. Atme aufmerksam mit dem Bild des Sees und spüre den See mit deinem Körper. Gestatte deinem Geist und deinem Herzen, sich zu öffnen und alles zu spiegeln, was kommt. Bemerke jene Augenblicke der Ruhe, wenn das Wasser ganz still ist, wie ein Spiegel, und bemerke die Augenblicke der Bewegung, wenn die Oberfläche des Sees aufgewühlt ist. Spüre einfach die verschiedenen Energien in deinem Körper, in deinem Geist, in deinem Herzen, das Kommen und Gehen von Gedanken und Gefühlen, von Impulsen und Reaktionen, die kommen und weiterwandern wie kleine Wellen und Wogen. Bemerke, wie die sich ständig ändernden Kräfte mit dem See spielen: Wind, Wellen,

Licht und Schatten, Farben und Gerüche. Kannst du bemerken, wie Gedanken und Gefühle manchmal die stille Oberfläche stören? Kannst du akzeptieren, daß es ganz natürlich ist, daß ein See manchmal ganz still ist und manchmal aufgewühlt? Kannst du akzeptieren, daß du nicht nur die Oberfläche bist, sondern daß du eine Tiefe hast, wo es ganz still und sanft ist, auch wenn Wind und Wetter an der Oberfläche toben? Oder wenn die Oberfläche im Winter gefriert?

Und genauso wie das Wasser des Sees aufgefüllt und erneuert wird durch Schnee und Regen, durch Quellen und kleine Bäche, die in den See münden, so wirst du selbst angeregt durch deine eigenen Gedanken und Gefühle und durch die Gedanken und Gefühle all der Menschen, mit denen du zu tun hast. All das kannst du leichter in dich aufnehmen, wenn du dir der Tatsache bewußt bist, daß du wie der See eine eigene Tiefe hast, deren Stille nicht von all den Vorgängen an der Oberfläche berührt wird. Und genauso wie der See geborgen daliegt, eingebettet in die Erde, wie er die Sonne reflektiert und den Mond, Sterne, Bäume, Wolken, Licht und Schatten, und sich berühren läßt von Luft und Wind, kannst auch du sein, wenn du deine eigene Tiefe spürst, deine ruhige Vitalität, deine eigene Essenz.

Und wenn du weiteratmest, ruhig und tief, kannst du dir darüber klarwerden, daß du mit jedem Atemzug die Lebensenergie erneuerst. Über deinen Atem bist du beteiligt an der unendlichen Energie des Kosmos, der du deine Existenz verdankst und mit der du immer verbunden sein wirst.

Laß dir jetzt noch ein wenig Zeit, um über das Bild des Sees zu meditieren, von diesem Bild zu lernen, es zu genießen. Stell dich darauf ein, es immer wieder zu benutzen, wenn das für dich hilfreich sein wird. (2 – 3 Minuten)

Und nun kannst du dich von dem Bild des Sees verabschieden, dich etwas recken und strecken und einmal tief ausatmen. Öffne die Augen und sei wieder hier, erfrischt und wach.

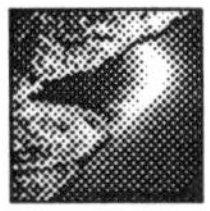

Die Welle

Manchmal begegnen wir im Management dem Typ des Rebellen. Das kann ein Kollege von uns sein, ein Vorgesetzter, und vielleicht sind wir es sogar selbst. Der Rebell hat das starke Bedürfnis, alles anders zu machen, als es die Norm ist. Der Grund dafür ist aber nicht etwa, daß der Rebell besonders kreativ wäre, vielmehr erträgt er es nicht, auch ein ganz gewöhnlicher Mensch zu sein. Rebellen haben oft Schwierigkeiten, in etablierten Strukturen zu arbeiten, wenn sie sie nicht selbst geschaffen haben. Ihre persönlichen und beruflichen Bedürfnisse stellen sie ganz automatisch über die Bedürfnisse jeder anderen Person, ohne danach zu fragen, ob das gerade passend ist. Sie tun das in Unternehmen ebenso wie in ihren Familien. Sie haben große Schwierigkeiten, die Grenzen anderer zu respektieren und sich für ihre eigenen Handlungen verantwortlich zu fühlen. Sie beanspruchen bei jedem Schritt Sonderrechte für sich und haben wenig Neigung, auch andere zu fördern.

Wenn wir einem Rebellen begegnen, dann fühlen wir uns vielleicht an das Verhalten von Jugendlichen erinnert. Wir bemerken ein übermäßiges Bedürfnis nach Unabhängigkeit und Freiheit. Und hinter jedem Rebellen steckt ein gewaltiges Bedürfnis nach Freiraum. Der Rebell fürchtet, eingeschränkt, eingespannt oder gebremst zu werden. Es liegt auf der Hand, daß eine solche Person Schwierigkeiten haben wird, ein Team zu führen, und Schwierigkeiten, wichtige Führungspositionen zu behalten. Sehr leicht verliert der Rebell die Zuneigung und den Respekt seiner Mitarbeiter, seiner Freunde und seiner Familie. Wir können nur hoffen, daß der Rebell irgendwann die Angst verliert, unterdrückt zu werden. Erst wenn er sich seiner selbst sicher ist, wird er jene delikate Balance beherrschen, gleichzeitig autonom und interdependent zu sein, als Manager herauszuragen und sich gleichzeitig an die Bedürfnisse anderer Menschen und des Unternehmens anzupassen.

Um diese Balance müssen sich allerdings nicht nur die geborenen Rebellen bemühen. Jeder kennt vermutlich von sich selbst Zeiten, in denen diese Balance gestört ist. Das Resultat ist unweigerlich, daß wir dann mehr Energie verbrauchen, als uns guttut.

Die folgende Meditation läßt uns diesen Zusammenhang in Ruhe erforschen. Sie macht uns Mut, Gemeinsamkeit und Individualität miteinander zu verbinden.

Setz dich bequem hin und schließ deine Augen. Achte darauf, daß Arme und Beine nicht gekreuzt sind. Schenk dir einen tiefen Atemzug und atme langsam und gründlich aus. Gestatte dir, daß dein Atem tiefer und ruhiger wird, so daß du dich zunehmend erfrischt und konzentriert fühlen kannst.

Nun laß in dir das Bild eines Meeres entstehen. Vielleicht erinnerst du dich an ein besonderes Bild, das dir vertraut ist, oder du läßt dir von deiner Phantasie ein frisches Bild des Meeres schenken. Achte besonders auf die Oberfläche des Wassers und sei dir bewußt, daß sich das Wasser auch unterhalb der Oberfläche bewegt. Tief im Meer gibt es Strömungen, die wir an der Oberfläche nicht sehen können – sie bewegen das Wasser in der Tiefe, unsichtbar für den Beobachter.

Achte bei deinem Bild des Meeres jetzt vor allem auf die Oberfläche. Ist die Oberfläche im Augenblick ruhig? Kannst du hier und da Wellen sehen? Welche Farbe hat das Wasser?...

Stell dir jetzt vor, daß ein Wind aufkommt, der dafür sorgt, daß kleine Wellen entstehen, die die Oberfläche kräuseln...

Nun stell dir weiter vor, daß du selbst eine dieser kleinen Wellen bist, daß du dich mit dieser Welle bewegst, auf und ab, indem du dem Rhythmus folgst, den die Dünung des Meeres hat. Spüre, wie du unten mit der großen Wassermasse verbunden bist und wie du dich oben etwas über deine Umgebung erhebst. Spüre, daß du nicht lange in dieser erhobenen Position bleibst, sondern daß du wieder eintauchst in den großen Körper des Meeres. Vielleicht brauchst du etwas Zeit, um diesen Rhythmus, diese Energie zu spüren, wie du als Welle auftauchst und wieder hinabgleitest, als Teil der riesigen Wassermasse und gleichzeitig getrennt davon. (1 Minute)

Bemerke, daß neben dir andere Wellen sind, die sich ebenfalls über die Oberfläche des Wassers erheben. Einige scheinen ganz harmonisch miteinander zu tanzen, während andere aus diesem Tanz ausbrechen und eine überraschende Bewegung vollziehen. Aber ganz unabhängig davon, welche Richtung jede Welle einschlägt, wie groß oder wie klein sie ist, ob sie eine Schaumkrone hat oder nicht, alle Wellen sind mit dem riesigen Meer verbunden, aus dem auch du kommst. Achte auf das Gefühl, das du hast, wenn du eine dieser Wellen bist. Wie erlebst du dieses Gefühl der Individualität und der Freiheit, dich überraschend auszudrücken?

Und wie fühlst du dich, wenn du als Welle wieder eintauchst und dich mit den Wassermassen unter dir verbindest? Kannst du es genießen, daß diese Abwärtsbewegung dich integriert und einen Augenblick mit der Masse des Wassers verschmelzen läßt?

Spiele ein wenig mit dem paradoxen Gedanken, daß du beides bist. Eine Welle und gleichzeitig ein Teil des großen Meeres, aus dem die Welle aufsteigt. Bemerke, daß du diesem Naturgesetz folgen mußt – Teil des Ozeans zu sein und eine individuelle Welle, die auf der Oberfläche des Wassers tanzt.

Und wie kann dieses Bild dein alltägliches Leben beeinflussen? Was würde es bedeuten, wenn du Tag für Tag in diesem Unternehmen und in deiner Familie daran denkst, daß du beides bist – getrennt von den anderen Personen und gleichzeitig mit ihnen verbunden? Mußt du dein Verhalten ändern, um eine Balance herzustellen zwischen diesen beiden Aspekten deiner Existenz? Müßtest du irgendwelche Überzeugungen oder Gewohnheiten ändern, um leichter diesen Rhythmus vollziehen zu können?

Laß dir ein wenig Zeit, um bei diesem Empfinden zu bleiben, daß du eine Welle bist und gleichzeitig Teil des Ozeans. Laß dir Zeit, um ganz aufmerksam diese Erfahrung des Eins-Seins und des

Getrennt-Seins zu machen. Bemerke, was du in deinem Körper spürst, wenn du an diesem Tanz des Lebens teilnimmst.

Bemerke auch ambivalente Gefühle: Vielleicht ist es so, daß du in diesem Augenblick lieber die Welle bist und deine Individualität betonst; vielleicht ist es so, daß du in diesem Augenblick die Zugehörigkeit zum großen Ozean genießt und deine Fähigkeit, dich zu integrieren. (1 – 2 Minuten)

Und nun kannst du dich von dem Bild des Meeres langsam lösen und mit deiner Aufmerksamkeit wieder hierherkommen. Reck und streck dich ein wenig, atme einmal tief aus, öffne deine Augen und sei wieder hier, erfrischt und wach.

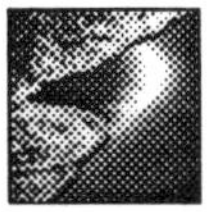

Die Muschel

Manchmal machen wir uns das Leben dadurch schwerer, daß wir zuwenig Vertrauen haben. Wir glauben, daß wir sicher sind, wenn wir möglichst viel wissen. Natürlich ist es wichtig, daß wir gut informiert sind, aber wir müssen uns damit abfinden, daß unser Wissen heute immer schneller veraltet. Wir können es gar nicht vermeiden, daß wir ständig überrascht werden und daß das Leben uns mit unerwarteten Ereignissen konfrontiert. Wenn wir den Versuch machen, unsere Mitarbeiter, unsere Kunden oder sogar uns selbst allzu stark zu kontrollieren, so ist das sehr anstrengend. Wenn wir unsere Sicherheit im Wissen suchen, dann werden wir leicht dogmatisch, rechthaberisch, kritisch und arrogant. Wenn wir diese Tendenzen bei uns feststellen, dann ist das ein Alarmzeichen. Wir können uns fragen, wie wir wieder neugieriger und vertrauensvoller werden können. Wir können unsere Neugier dann auf die Dinge konzentrieren, die wirklich wichtig sind, und dort Wissen gewinnen, wo es der Entwicklung unseres Unternehmens, unserer Mitarbeiter nützen kann. Und wenn wir nicht mehr alles wissen müssen, dann können wir wichtige Führungstugenden entwickeln: Bescheidenheit und Weisheit. Weisheit finden wir nicht außen, sondern indem wir still werden und nach innen hören. Jeder von uns hat in sich eine Quelle der Weisheit, die sprudelt, wenn wir uns ihr sanft und geduldig nähern, wie in der anschließenden Meditation:

Setz dich bequem hin und schließ deine Augen. Achte darauf, daß Arme und Beine nicht gekreuzt sind. Schenk dir einen tiefen

Atemzug und atme langsam und vollständig aus. Atme immer tiefer und ruhiger und genieße den sanften Rhythmus deines Atems. Mit jedem Atemzug kannst du dich von der äußeren Welt etwas mehr lösen und ruhiger und entspannter werden.

Und während du deinem eigenen inneren Rhythmus zuhörst, kannst du in deiner Phantasie an einem schönen Platz an der Küste des Ozeans sein. Höre den Rhythmus der Brandung und sieh, wie du am Strand entlanggehst. Spüre, wie der feuchte Sand unter deinen Füßen knirscht; spüre, wie der frische Meerwind einen Hauch Salz auf deine Lippen bringt.

Du gehst weiter am Strand entlang und siehst eine schöne große Muschel. Du beugst dich nieder, um diese Muschel genauer zu betrachten, und du bemerkst, daß es das wunderschöne Gehäuse einer Meeresschnecke ist. Ganz zart berührst du mit deiner Hand die bauchigen Windungen der Schnecke. Und während du diesen Anblick genießt, bemerkst du, daß die Muschel größer und größer wird. Allmählich wird sie so groß, wie du selbst bist, ja sogar groß genug, daß du hineingehen kannst. Aus der Öffnung fällt ein sanftes Licht, das dich einlädt. Langsam gehst du in die Muschel hinein und entdeckst eine schöne, bequeme Treppe, die dich weiter und weiter hineinführt in den tiefen und stillen Raum. Vielleicht hast du Lust, dich eine Weile auf den Boden zu setzen und die Stille zu genießen. Vielleicht gibt es irgend etwas, was du auf dem Herzen hast, was du gerne loswerden möchtest, dann kannst du einmal tief atmen und diese Sorge, diesen Gedanken, diese Erinnerung hier abladen.

Und nun kannst du die Ruhe benutzen, um dir selbst eine Frage zu stellen. Du kannst z. B. fragen: „Was löst mein gegenwärtiges Problem?" oder du kannst fragen: „In welche Richtung soll ich gehen?" oder du kannst fragen: „Was muß ich wissen?" Du kannst unbesorgt sein und dich darauf verlassen, daß du eine Antwort finden wirst – vielleicht in diesem Augenblick, vielleicht auch später und ganz überraschend.

Schenk dir noch einen tiefen Atemzug, dann kannst du auch diese Frage loslassen. Aber du wirst dir diesen stillen Platz im Inneren der Muschel merken, so daß du jederzeit hierher zurückkehren kannst. Und vielleicht wirst du auch andere Plätze entdecken, wo du Stille und Ruhe findest, um wichtige Fragen zu stellen. Es ist nicht nötig, auf diese wichtigen Fragen sogleich eine Antwort zu finden. Aber wenn du geduldig abwartest, dann wirst du die Antwort zu einem Zeitpunkt finden, wo du sie wirklich gebrauchen kannst.

Und nun kannst du diesen Platz im Innern der Muschel wieder verlassen und den gewundenen Weg zurückgehen, bis du wieder am Strand bist. Sieh dir die Muschel von außen an und bemerke, wie sie langsam wieder ihre ursprüngliche Größe annimmt. Atme die frische, salzige Luft des Ozeans ein und bring Frische und Energie hierher zurück. Reck und streck dich ein wenig und öffne dann deine Augen. Sei wieder hier, erfrischt und wach.

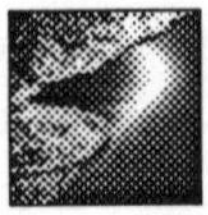

Den Geist zur Ruhe kommen lassen

Die Stimme unseres Herzens können wir nur dann deutlich hören, wenn unser Geist ruhig und still ist wie ein See ohne Wellen. Das Wasser kann Himmel und Bäume nur so lange spiegeln, wie die Oberfläche ganz glatt ist. Wenn der Wind bläst, dann verschwindet das Bild in den Wellen des Wassers.

Wir leben in stürmischen Zeiten, in denen der Wind immer wieder hohe Wellen im Wasser unseres Geistes schlägt, so daß wir die Stimme unseres Herzens nicht mehr hören und das Bild unserer Seele nicht mehr sehen. Aber wir können uns immer wieder Ruhe schenken, indem wir anfangen, tief zu atmen, und mit unserer Aufmerksamkeit nach innen gehen.

Schließ deine Augen und gestatte dir, tiefer und ruhiger zu atmen. Wenn du einatmest, kannst du Ruhe und Frieden einatmen, und wenn du ausatmest, Unruhe und Chaos ausatmen. Stell dir in deiner Phantasie einen See oder einen kleinen Teich vor als Symbol deines Geistes. Bemerke, in welcher Verfassung die Oberfläche des Wassers ist, und beobachte sie eine Minute lang. Ist sie ruhig oder aufgewühlt? Frage deine eigene innere Weisheit, was du von diesem Bild lernen kannst. Es ist nicht wichtig, daß du sofort eine Antwort hörst. Du kannst darauf vertrauen, daß du eine Antwort erhältst, wenn die Zeit dafür gekommen ist...

Atme weiter, langsam und tief, und laß den Wind über dem Wasser zur Ruhe kommen. Atme tief weiter, bis der See ganz still ist. Betrachte dein eigenes Spiegelbild im Wasser und sei dankbar, daß du Wind und Wellen beruhigen konntest. Ein ruhiger Geist zeigt dir, wer du wirklich bist.

Kapitel 5

GESUNDE GRENZEN

Aufwachen

Jeden Morgen, wenn wir aufwachen, bekommen wir ein wertvolles Geschenk: 24 neue Stunden unseres Lebens. Wir können diese 24 Stunden so verbringen, daß sie uns selbst und anderen Frieden, Freude und Glück schenken.

Gleich nach dem Erwachen können wir uns ein paar Minuten Zeit nehmen, um den Tag aufmerksam zu beginnen. Wir können uns daran erinnern, daß wir einen Körper haben. Wir müssen nicht gleich damit anfangen, an all die Dinge zu denken, die wir an diesem Tag tun müssen. Wir müssen den Tag nicht mit Sorgen oder in Eile beginnen. Wir müssen nicht sofort aus dem Bett springen. Wir können uns den Luxus erlauben, einfach unseren Körper zu spüren, z. B. unsere Füße und Zehen: Wir können sie ein wenig bewegen, wir können ihnen guten Morgen sagen. Wir können auch all die anderen Teile unseres Körpers bemerken und begrüßen: unsere Beine, unseren Bauch, unsere Brust, Hände und Arme, Rücken, Schultern und Nacken. Wir können unseren Körper fragen, wie es ihm geht. Bemerken wir irgendwelche Schmerzen oder Anspannungen? Wir wollen diese Schmerzen nicht übergehen und einfach wegschieben. Wir bemerken sie und schenken ihnen liebevolle Aufmerksamkeit. Wir können uns sogar vorstellen, daß wir unseren Atem an die Stelle schicken, die sich unwohl fühlt, und eine Weile beobachten, wie unser warmer Atem den Schmerz lindert. Vielleicht berühren wir diese Stelle auch sanft, damit sich die Spannung lösen kann.

Auf diese Weise zeigen wir unserem Körper, daß wir ihn respektieren und daß wir sein Freund sein wollen. Das ist das erste, was wir jeden Tag tun können, um sicher und behaglich in unserem Körper zu leben. Manchmal entspannen wir uns auf diese Weise so sehr, daß wir noch einmal einschlafen. Dieser Schlaf ist besonders entspannend, aber dann wollen wir daran denken, daß wir wieder sanft erwachen und unseren Körper vollständig spüren, ehe wir in unser tägliches Leben hineingehen.

Und dann können wir die ersten Schritte des neuen Tages mit einem kleinen Lächeln begleiten. Unser Lächeln bestätigt uns, daß wir ganz wach sind und entschlossen, den Tag innerlich ausgeglichen und glücklich zu erleben. Wir können daran denken, daß dieser Tag uns gehört. Und was wir mit diesem Tag machen, das machen wir mit unserem ganzen Leben. Wie viele Tage sind uns entglitten, weil wir nicht aufmerksam waren. Wenn wir lächeln, dann bestätigen wir uns selbst, daß wir diesen Tag nicht vergessen wollen, daß wir ihn sanft und mit Verständnis beginnen wollen.

Wie können wir uns daran erinnern, daß wir die ersten Schritte jedes Tages mit einem Lächeln begleiten wollen? Vielleicht brauchen wir für den Anfang ein kleines Zeichen: einen Zettel mit einem inspirierenden Wort, einen Zweig, ein Blatt oder ein Bild, auf das unser Blick fällt, wenn wir aus unserem Bett aufstehen. Wenn wir uns an diese Praxis gewöhnt haben, dann brauchen wir kein Zeichen mehr, dann lächeln wir, wenn wir den Gesang eines Vogels hören, oder wenn wir sehen, wie das Licht durch die Fenster hereinkommt.

Und wenn wir den Tag so beginnen, daß wir rücksichtsvoll und respektvoll uns selbst gegenüber sind, dann wird es uns leichtfallen, auch all den anderen Menschen in Familie und Beruf freundlich zu begegnen.

Gesunde Grenzen

Gesunde persönliche Grenzen sind eine wichtige Voraussetzung dafür, daß du anderen nahekommen kannst, ohne dich selbst aufzugeben.

Wenn du dir vorstellst, daß du ein Haus bist, dann willst du natürlich entscheiden, wer in das Haus kommen darf. Vielleicht möchtest du, daß einige Leute nicht einmal in deinen Vorgarten kommen, andere dürfen sich in deinem Wohnzimmer niederlassen, ein paar dürfen vielleicht deine Küche besuchen, und ein guter Freund darf sich sogar in dein Arbeitszimmer vorwagen. Und manchmal wird dir vielleicht alles zuviel, dann sagst du einfach: „Genug! Laßt mich alle eine Weile allein. Ich sage euch, wenn ich euch wieder zur Verfügung stehe." Indem du dich abgrenzt, hast du auch die Fähigkeit, andere dicht an dich heranzulassen und mit ihnen gute Beziehungen zu haben, aber ab und zu brauchst du Ruhe und Einsamkeit, damit du dich regenerieren kannst und weißt, wer du bist und was du willst.

Du kannst eine ganz einfache Meditation benutzen, um ein sicheres Gefühl für deine Grenzen zu entwickeln. Du wirst dann leichter bemerken, wenn andere aus Unachtsamkeit deine Grenzen verletzen, und du wirst selbst mehr Respekt für das Bedürfnis anderer haben, daß ihre Grenzen ebenfalls unverletzt bleiben.

Setz dich bequem hin und achte darauf, daß Arme und Beine nicht gekreuzt sind. Schließ deine Augen, atme einmal tief und gründlich ein und laß die Luft dann langsam aus dir hinausströmen. Laß deinen Atem voll, tief und entspannt werden...

Laß auch deinen Geist zur Ruhe kommen, damit du auf die Weisheit deiner Seele hören kannst...

Und wenn du jetzt atmest, dann spüre, wie die Luft in deinen Körper hereinströmt und wie sie wieder hinausfließt...

Fühle, wie diese kostbare Luft das Innere deiner Nase berührt, wie sie in die feinen Verzweigungen deiner Bronchien und deiner Lunge hineinströmt und sich mit deinem Körper verbindet...

Spüre auch, wo deine Haut auf die Luft trifft... und fühle, wo die Luft deine Haut berührt...

Spüre, wo deine Haut die Kleidung berührt... und wo die Kleidung deine Haut berührt...

Fühle, wie dein Körper auf dem Stuhl sitzt... und wie der Stuhl deinen Körper berührt...

Empfinde, wie deine Füße auf dem Boden stehen... und wie der Boden deine Füße berührt...

Spüre die verschiedenen Arten, wie du berührt wirst und wie du selbst Kontakt hast zu all den Dingen, die dich umgeben...

Bemerke deinen ganzen Körper... spüre seine Grenzen, wo er die Luft berührt... deine Kleidung... den Stuhl... den Boden... wo er Kontakt hat zur äußeren Realität...

Gestatte dir auch, die feine Energie zu spüren, die in deinem Körper pulsiert und die ein wenig über die Grenzen deines Körpers hinausgeht...

Spüre deinen ganzen Körper, dein Skelett, deine Muskulatur, deinen Herzschlag, deine Atmung und die feine Energie, die in deinem Körper pulsiert...

Spüre noch einmal all die Stellen, wo du selbst die Dinge um dich herum berührst und wo du berührt wirst...

Und all diese Grenzen machen es dir möglich zu sagen: „Ich existiere; ich bin aufmerksam; ich bin lebendig."

Und nun reck und streck dich ein wenig, öffne die Augen und sei wieder hier, erfrischt und wach.

Schau in deine Hand

Der Zen-Meister Thich Nhat Hanh erzählt die Geschichte eines Freundes:

Vor vierzig Jahren sollte er Vietnam während der Kriegswirren verlassen. Beim Abschied hielt die Mutter seine Hand und sagte ihm: „Immer wenn du mich vermißt, dann schau in deine Hand, und dann wirst du mich sofort sehen." Und im Laufe der Jahre blickte der Freund häufig in seine Hand und spürte die Gegenwart seiner Mutter – ihre Liebe, ihre Hoffnung und ihr Leben waren ihm dann nah. Aber er sah nicht nur seine Mutter, sondern all die vielen Generationen vor ihm und auch die Generationen, die nach ihm leben würden...

Der Freund erzählt, daß er sich nie einsam gefühlt hat.

Und du kannst deine Hand jederzeit für eine kurze Meditation benutzen, wenn du dich einsam fühlst, isoliert oder angegriffen. Alles, was dir Trost gibt, kann in deiner Hand gegenwärtig sein – jedes Bild und jede Erinnerung, jedes Sandkorn, jede Blüte und jedes Gesicht.

Du kannst deine Hand wie einen Spiegel benutzen, in dem du Liebe, Frieden und Glück finden kannst.

Schau jetzt in deine Hand und finde irgend etwas, ein Bild, eine Erinnerung, das dir in diesem Augenblick guttut. (1 – 2 Minuten)

Wir alle möchten geliebt werden

Wir alle möchten geliebt werden: Wir möchten, daß unsere Mitarbeiter uns schätzen und uns sympathisch finden; wir möchten, daß unser Chef unsere Qualitäten und unsere Loyalität bemerkt und daß er sich deshalb für uns einsetzt; wir wünschen uns die Liebe unseres Partners und unserer Kinder; wir genießen zuverlässige und langfristige Freundschaften. Diese verschiedenen Spielarten der Liebe geben uns ein Gefühl der Sicherheit. Wir müssen nicht befürchten, allein dazustehen, sondern wir können uns darauf verlassen, daß wir für andere attraktiv sind und daß sie aus freien Stücken gern in unserer Gesellschaft sind.

Weil Liebe in unserem Leben so wichtig ist, fürchten wir ihre Unbeständigkeit. Wir reagieren eifersüchtig, wenn andere uns scheinbar vorgezogen werden; wir reagieren verletzt, wenn wir kritisiert werden; wir machen anderen Vorwürfe, wenn sie uns unsere Wünsche nicht erfüllen oder uns verletzen. Und die Furcht vor der Unbeständigkeit der Liebe wird verschärft durch ein tiefes Gefühl, daß wir eigentlich nicht liebenswert genug sind.

Der intensive Wunsch, sich geliebt zu fühlen, ist völlig natürlich. Vermutlich sind wir genetisch so programmiert, daß wir die Liebe der anderen gewinnen wollen. Das Baby sucht den Blick seiner Eltern, es lächelt, es streckt seine Hand aus, um sicherzustellen, daß es nicht allein bleibt, daß es ernährt und beschützt wird. Dieses liebebedürftige und auf Sicherheit bedachte kleine Kind bleibt psychologisch in jedem von uns lebendig. Wir müssen es davon überzeugen, daß wir als Erwachsene für die Liebesbedürfnisse dieses Kindes sorgen können. Das können wir nur, indem wir beginnen, uns selbst zu lieben.

Stell dir einen Augenblick vor, daß du dich wirklich selbst liebst – wie würdest du dich dann behandeln? Wärst du dann weniger kritisch? Weniger anspruchsvoll? Würdest du dich dann weniger über dich ärgern? Hättest du anderen gegenüber mehr Mitgefühl? Wärst du anderen gegenüber liebevoller und großzügiger? Hättest du dann mehr Selbstdisziplin? Würdest du dann bewußter mit deiner Energie umgehen und besser für deine Gesundheit sorgen? Wärst du dann selektiver in bezug auf deine Arbeit und auf die Umgebung, in der du lebst? Würdest du dann dafür sorgen, daß andere dich nicht so behandeln, wie sie das jetzt tun? Wahrscheinlich hast du dich schon häufiger gefragt, was du tun kannst, um dich selbst zu lieben und nicht mehr so abhängig zu sein von der Zustimmung oder der Ablehnung durch andere.

Du kannst Meditation benutzen, um dieses kostbare Gefühl in dir weiterzuentwickeln.

Schließ die Augen einen Augenblick und stell dir vor, daß die Person vor dir sitzt, die du in deinem Leben am meisten liebst oder geliebt hast. Gestatte dir, all die Liebe und Zärtlichkeit für diese Person zu empfinden.

Wenn du dieses Gefühl der Liebe spürst – in deinem Gesicht, in deinem Herzschlag, in der Art und Weise, wie du langsam und tief atmest, vielleicht auch in der Wärme deiner Hände –, dann kannst du das Bild dieser anderen Person aus deinem Bewußtsein loslassen und all diese Liebe auf dich selbst lenken, auf dich, so wie du gerade in diesem Augenblick bist – mit all deinen Stärken und Schwächen, Erfolgen und Mißerfolgen, Hoffnungen und Ängsten, guten und schlechten Seiten. Verzichte auf Urteile und denke nicht weiter über diese Dinge nach. Gestatte dir einfach, dich selbst von ganzem Herzen für eine kurze Weile zu lieben. Vielleicht hilft es dir, wenn du dir dabei vorstellst, daß du diese Liebe auf jenes kleine Kind konzentrierst, das in dir lebt und das sich so sehr wünscht, Sicherheit und Vertrauen haben zu können.

Und an dieser Liebe ist kein anderer Mensch beteiligt, weder als Gebender noch als Empfangender. Laß dir nun genug Zeit, um diese Liebe deutlich zu spüren. (2 – 3 Minuten)

Bemerke auch alle kritischen Gedanken, die dir vielleicht sagen wollen, daß dieser Vorgang peinlich ist oder hoffnungslos oder egoistisch. Registriere diese Gedanken einfach liebevoll als zu dir gehörig, laß sie freundlich durch dein Bewußtsein ziehen und kehre zurück zu deinem Atem, zu dem einfachen, starken Empfinden der Liebe.

Auch wenn dir andere Gedanken oder Gefühle durch den Kopf gehen, dann registriere sie. Laß dir einfach von ihnen sagen, was du bisher von dir selbst gehalten hast. Du kannst jeden Augenblick deines Lebens dazu benutzen, dich selbst stärker zu lieben und Glück und Frieden zu finden. (1 Minute)

Mit offenem Herzen leben

Management ist die Kunst der Motivation. Wir müssen als Manager in der Lage sein, die Herzen unserer Mitarbeiter zu gewinnen, damit sie uns vertrauen, wenn wir ihnen schwierige und neuartige Aufgaben geben; wir müssen sie dazu inspirieren, mit anderen wirksame Teams zu bilden, die nur dadurch funktionieren, daß die Mitglieder starke emotionale Bindungen zueinander eingehen; wir müssen über genügend Empathie verfügen, um Krisen schon bei ihrer Entstehung zu bemerken, um zu bemerken, wenn Mitarbeiter oder Kollegen leiden, den Mut verlieren, isoliert sind oder in der Gefahr, uns innerlich zu kündigen. Und all das können wir nur leisten, wenn wir selbst ein offenes Herz haben. Dann bemerken wir nicht nur unsere eigenen Gefühle deutlicher, sondern wir sind auch in der Lage, die Gefühle unserer Mitarbeiter sensibler zu spüren und zu respektieren.

Wenn wir unser Herz für andere öffnen, dann bedeutet das nicht, daß wir sie auf jeden Fall lieben sollen, daß wir einer Meinung mit ihnen sein oder daß wir ihr Freund werden müssen. Es bedeutet ganz einfach, daß wir uns darüber klar sind, daß auch die Menschen, die wir nicht mögen oder die schwierig sind, dieselbe Fähigkeit haben zu leiden, wie wir auch.

Warum leben so viele Menschen mit einem geschlossenen Herzen? Die Hauptgründe sind wohl: die Furcht vor Hilflosigkeit, vor Einsamkeit und Veränderung. Wenn wir unsere Herzen verschließen, dann haben wir die Illusion, die Zeit anhalten und die inneren Aufregungen vermeiden zu können, die dadurch entstehen, daß sich Geschäftsfelder, Unternehmen, Mitarbeiter und wir selbst von Tag zu Tag ändern. Ein geschlossenes Herz ist wie eine flache Atmung: Wir erhoffen uns Sicherheit, aber wir verlieren Kraft und Flexibilität, die wir nur trainieren können, wenn wir uns den Herausforderungen des Lebens stellen, wie sie sich von Augenblick zu Augenblick ergeben.

Die folgende Meditation gibt dir einen sicheren Rahmen, in dem du ausprobieren kannst, wie es wäre, wenn du dein Herz ein klein wenig mehr öffnen würdest.

Setz dich bequem hin und schließ deine Augen. Lenke deine Aufmerksamkeit zunächst auf den linken Teil deiner Brust, auf den Bereich, wo dein Herz schlägt. Bemerke, wie sich deine Brust anfühlt. Locker und offen oder irgendwie angespannt und geschlossen? Bemerke auch, wie du deine Schultern hältst. Hast du sie nach vorne gezogen oder geben sie deiner Brust genug Raum, um offen zu sein? Bemerke einfach die Haltung deines Körpers, die du ganz automatisch einnimmst, ohne im Augenblick irgend etwas zu verändern.

Wenn dein Herz offen ist, ist auch deine Brust offen. Dann kannst du frei atmen, nicht nur mit deiner Brust, sondern tief in deinen Bauch hinein. Wenn dein Herz aus irgendeinem Grunde eingeengt ist, dann fühlst du vielleicht Spannung in deiner Brust, und dein Atem ist wahrscheinlich flach. Bemerke deinen Atem. Atmest du mit deinem Bauch oder mit deiner Brust? Wenn du bemerkst, daß deine Brust angespannt ist oder daß dein Atem flach geht, dann laß dir einen Augenblick Zeit, um das einfach festzustellen. Du mußt im Augenblick keine Anstrengung machen, dich zu entspannen oder dich irgendwie zu verändern. Sei einfach präsent und spüre, wie du gerade jetzt dasitzt.

Nun stell dir irgendein wunderschönes Licht vor, mit einer Farbe, die dir im Augenblick richtig wohl tut. Stell dir vor, daß dieses Licht die ganze Umgebung deines Herzens anfüllt und alle Muskeln an Schultern, Armen, Rücken und Brust durchdringt. Vertraue darauf, daß dies ein heilendes und beschützendes Licht ist, das dich in deiner Bereitschaft unterstützt, mit einem offenen Herzen zu leben. Erlaube dem Licht, dir soviel Sicherheit zu geben, daß sich Brust und Schultern ganz von selbst entspannen können.

Und auch wenn sich dein Herz nicht gleich öffnet, kannst du vielleicht herausfinden, wieviel Anspannung oder Entspannung du gerade jetzt spürst. Und wenn du deutlicher wahrnimmst, wann dein Herz offen und wann es geschlossen ist, dann kannst du auch die Situationen deutlicher erkennen, die dir Veranlassung geben, dich zu schützen, indem du dein Herz verschließt. Du kannst auch vertrauter werden mit all den Umständen, unter denen du dich sicher genug fühlst, um dich der Welt zu öffnen.

Nun stell dir eine Situation vor, in der du dich normalerweise anspannst und tatsächlich dein Herz verschließt. Such dir für den Anfang eine Situation aus, die nicht allzu schwierig ist: Du betrittst einen ziemlich vollen Fahrstuhl; du stehst Schlange vor einem Bankschalter. Stell dir vor, daß du in einer dieser Situationen bist, aber diesmal mit dem Licht in deiner Brust. Finde heraus, wie es sein würde, wenn du dich in dieser Situation weniger isolieren würdest, wenn du mehr Kontakt hättest zu dir selbst und zu den anderen Menschen, die dir darin begegnen. Wie wäre es, wenn du innerlich soviel Platz machen würdest, daß du spüren kannst, wie deine Gefühle durch dich hindurchfließen wie der Wind, der durch die Zweige eines Baumes hindurchgeht?

Und wenn du diesen Platz schaffst, kannst du dir vielleicht vorstellen, wie es wäre, wenn du dich in dieser Situation anders verhalten würdest. Hättest du eine andere Körperhaltung? Würdest du die Menschen anders anschauen? Würdest du anders sprechen, handeln oder empfinden? Könntest du irgend etwas Überraschendes erleben? Könntest du irgendeine neue Lösung für die Schwierigkeiten dieser Situation finden?

Mehr mußt du jetzt gar nicht tun. Finde einfach heraus, wie du dich fühlst, wenn du in einer alltäglichen Situation dein Herz ein klein wenig weiter öffnest. Du kannst dieses Licht überallhin mitnehmen. Du kannst dir die Erlaubnis geben, deutlich zu bemerken, wie es sich anfühlt, wenn du in einer bestimmten Situation dein Herz schließt. Das sind wichtige Momente, die sagen dir, wo du etwas lernen kannst.

Und wenn du bereit bist, dann kannst du mit deiner Aufmerksamkeit wieder hierher zurückkehren und langsam die Augen öffnen. Du kannst bemerken, wie es sich anfühlt, wenn du dieses Licht heute in deinem Herzen läßt.

Eine Aura, die Schutz gibt

Diese Meditation kann dazu beitragen, daß das Energiefeld um deinen Körper stärker wird und daß du auch in dir mehr Energie spürst. Du kannst diese Meditation in den Grundzügen auch alleine wiederholen. Dann wirst du bemerken, daß du dich besser schützen kannst vor negativen Gefühlen und Gedanken anderer Menschen.

Nimm eine bequeme Haltung ein und mach deinen Rücken ganz gerade. Achte darauf, daß Arme und Beine nicht gekreuzt sind. Dann schließ deine Augen, schenk dir einen langen, tiefen Atemzug und laß die Luft langsam aus dir hinausströmen. Gestatte deinem Atem, tief, langsam und ganz entspannt zu werden.

Nun geh mit deiner Aufmerksamkeit über deinen Kopf hinaus, bis weit in den Himmel, und bemerke dort ein strahlendes, kräftiges, goldenes Licht, das wie die Sonne auf dich herabströmt. Spüre, wie die Kraft dieses goldenen Lichtes dich von allen Seiten umgibt und dich ganz durchdringt, so daß dein Körper sich mit diesem Leuchten anfüllt.

Und mit jedem Atemzug kannst du dieses Licht einatmen. Dieses Licht umgibt und erfüllt dich und durchdringt sanft deine ganze Existenz. Es verbindet sich mit der Lebensenergie, mit der du seit deiner Geburt ausgestattet bist.

Spüre auch, wie dieses goldene Licht durch deine Beine und Füße hinabfließt, dich mit Mutter Erde verbindet und dir das Empfinden gibt, daß deine Füße fest auf dem Boden stehen. Und während dieses goldene Licht dich mehr und mehr anfüllt und stärkt, kannst du spüren, daß du dich ausdehnst. Deine ganze Aura, das Energiefeld, das dich umgibt, wird von dem goldenen Licht hell und stark und umgibt dich auf Armlänge nach allen Seiten, wie ein goldenes Ei.

Mit jedem Einatmen atmest du mehr Stärke und Schutz ein...

Und mit jedem Ausatmen spürst du, wie dich deine Ängste und Schwächen verlassen...

Von Augenblick zu Augenblick fühlst du dich stärker, sicherer und geschützter.

All deine Muskeln, deine Nerven, deine inneren Organe füllen sich mit diesem goldenen Licht. All die feinen Zellen deines Körpers werden von diesem Licht erfrischt, und vielleicht bemerkst du irgendwo ein sanftes Prickeln. Spüre, wie die Energie durch deinen ganzen Körper fließt bis in den Boden unter dir.

Und wenn du tief weiteratmest, kannst du spüren, wie sich dein Herz kräftiger anfühlt, weil es sich ein klein wenig öffnet für Liebe und Mitgefühl.

Vielleicht spürst du jetzt, daß du vielen Herausforderungen und jenen Menschen gewachsen bist, mit denen du es zu tun bekommst. Atme und spüre die Energie, die von dir ausstrahlt, spüre Stärke und Liebe.

Spüre, wie gut du geschützt bist, empfinde, wie deine eigene innere Stärke verschmilzt mit deinem äußeren Schutz.

Und nun kannst du dir eine Situation vorstellen, in der du dich stark und geschützt fühlen möchtest.

Spüre deine neue Stärke und sieh, wie du mit dieser Situation auf neue Weise umgehen kannst. (1 Minute)

Stell dir vor, wie du ruhig, stark, sicher und geschützt bleiben kannst. Und wenn du nachher weiter in den Tag gehst, dann wirst du diesen Schutz noch eine Weile in dir und um dich herum spüren. Du wirst deine eigene Aura deutlicher bemerken. Und wenn du spürst, daß du mehr Energie und Schutz brauchst, dann kannst du dir ein paar tiefe Atemzüge schenken und dir vorstellen, daß frisches, goldenes Licht in dich hineinströmt.

Nun reck und streck dich ein wenig und öffne deine Augen. Sei mit deiner Aufmerksamkeit wieder hier, gestärkt und wach.

Für gute Erinnerungen sorgen

Was immer wir tun, wir erinnern uns daran. Du kannst deine Handlungen und Erinnerungen mit einer Saat vergleichen. Wenn du fünf Minuten ärgerlich bist, dann erzeugst du neue Saatkörner des Ärgers und bewahrst sie im Boden deines Unbewußten auf. Und wenn du fünf Minuten lächelst, dann erzeugst du neue Saatkörner des Lächelns in dir und bewahrst sie ebenfalls in dir auf. Aber wenn du lange Zeit nicht lächelst, dann wird diese Saat vielleicht schwächer, so daß es dir nicht mehr so leichtfällt, überhaupt noch zu lächeln.

Wir alle haben viele verschiedene Samenkörner in uns, erfreuliche und weniger erfreuliche. Viele haben wir selbst in unserem Leben erzeugt, einige haben wir von unseren Eltern und Vorfahren und von unserer Kultur übernommen. Ein kleines Weizenkorn enthält das ganze Wissen vieler, vieler Generationen von Pflanzen, wie es keimen, Blätter bilden, blühen und Ähren heranreifen lassen kann. Unser Körper und unser Geist besitzen ebenfalls das Wissen vieler vorangegangener Generationen. Unsere Familien und unsere Eltern haben uns die Samen von Freude, innerem Frieden und Glück gegeben, aber auch die Samen von Ärger, Trauer, Eifersucht usw. Und immer wenn wir bewußt leben, dann pflanzen wir neue, gesunde Samen, die all die gute Saat stärken, die wir schon in uns tragen. Gesunde Samen helfen uns in ähnlicher Weise wie die Antikörper in unserem Blut. Wenn ein Virus in unserem Blutkreislauf auftaucht, dann reagieren unsere Antikörper und halten den Virus in Schach. So ähnlich ist es auch mit unseren psychologischen Samen. Wenn wir genügend gesunde Samen pflanzen, dann helfen sie uns, auch all die negativen Samen in uns unter Kontrolle zu halten.

Darum ist es so wichtig, daß wir eine richtige Reserve von gesunden Samen in uns ansammeln. Wenn wir in eine Krise geraten oder schwierige Augenblicke erleben, dann können wir darauf zurückgreifen. Vielleicht erinnern wir uns dann an einen guten Freund, der uns nahesteht, der uns sogar versteht, ohne daß wir nur ein Wort sagen müssen. Dann können wir uns das Bild dieses Freundes ins Gedächtnis rufen. Wir können uns vorstellen, daß wir zwei nebeneinander sitzen, gemeinsam atmen und uns verbunden fühlen.

Laß dir einen Augenblick Zeit und suche in deinem Gedächtnis nach, wessen Bild du in dir aufbewahrt hast, das dir helfen kann, wenn du dich einmal ganz schwach fühlst.

Vielleicht bemerkst du auch, daß du für deinen Vorrat an tröstlichen Bildern besser sorgen mußt. Und wenn du wieder mit einem guten Freund zusammenkommst, dann kannst du dafür sorgen, daß du die Zeit gut benutzt, so daß du schöne Erinnerungen hast. Du kannst dicht bei deinem Freund sitzen, aber du weißt, daß ihr euch irgendwann wieder trennen müßt. Darum wirst du die Gelegenheit benutzen, jeden einzelnen Moment ganz bewußt zu erleben. Dein Freund kann dir helfen, deine innere Balance neu zu finden, aber das ist nicht ausreichend. Du mußt selbst so stark werden, daß du dich auch gut fühlst, wenn du wieder alleine bist. Darum mußt du ganz präsent sein, wenn du mit deinem Freund sprichst oder neben ihm sitzt oder gehst. Wenn du nur seine Gegenwart benutzt, um dich trösten zu lassen, dann gewinnst du nur ein schwaches Samenkorn. Aber wenn du dich in der Präsenz deines Freundes selbst spürst – deinen Körper, deine Gedanken, deinen Atem –, dann pflanzt du kräftige, lebendige Samen in dir ein. Und wenn du sie brauchst, werden sie dir helfen.

Nicht zurückschlagen

Was tust du, wenn du von jemandem beleidigt wirst? Es gibt Situationen, in denen du dann ganz ruhig sagen kannst: „Ich höre das nicht gern, laß das bitte." Und es gibt Personen, die die Grenze, die du mit deinen Worten aufweist, dann respektieren, die sich vielleicht sogar entschuldigen. Aber es gibt auch Situationen, wo du dich mit einer solchen Abgrenzung in einen Kampf verstricken würdest. Dann kannst du etwas anderes tun.

Stell dir vor, daß jemand dich beleidigt, dich lächerlich macht oder dich herabsetzt; jemand zerredet deinen Erfolg; ein anderer lächelt, während er über einen deiner wichtigen Mitarbeiter herzieht; oder jemand macht sich über ein Projekt lustig, an dem du mit aller Kraft arbeitest. Dann kannst du folgendes tun: Schenk dir ein paar tiefe Atemzüge und beobachte diese negativen Worte. Beobachte einfach, wie sie an dir vorbeigleiten, ohne daß du sie in dich aufnimmst. Wenn du ihnen keinen Widerstand entgegensetzt, wenn du dich nicht aufregst, dann haben diese Worte ihr Ziel verfehlt, und sie fallen kraftlos zu Boden. Denke daran, daß du dich nicht verteidigen mußt und daß du deine Kraft reservieren kannst für wirklich nützliche Aufgaben. Vielleicht nimmst du dir auch die Zeit, kurz darüber nachzudenken, daß diese antagonistische Person selbst in einer kritischen Situation ist. Es ist völlig unwahrscheinlich, daß der andere aus einer Position der Stärke agiert. Entweder leidet er an einer chronischen Verletzung oder er wurde kurz vorher verletzt. Vielleicht fühlt sich diese Person isoliert und nicht geliebt. Vielleicht ist dieses aggressive Manöver auch ein Versuch, deine Aufmerksamkeit zu wecken und Kontakt herzustellen. Du kannst dir etwas Zeit nehmen, wenn du ruhig genug bist, um über die Bedürfnisse des anderen nachzudenken. Vielleicht fällt dir irgendein Anknüpfungspunkt ein, den du bei einer anderen Gelegenheit benutzen kannst, um auf produktive Weise den Kontakt herzustellen.

Manchmal ist es auch hilfreich, wenn du dich der verbalen Attacke dadurch entziehst, daß du dich körperlich bewegst und diesem Angriff durch eine Drehung oder einen Schritt zur Seite ausweichst. Das kann deinen Opponenten irritieren und dir helfen, ein verständliches Bedürfnis zu vermeiden, nämlich den Wunsch nach Revanche. Wenn dir das gelungen ist, kannst du deinem „Gegner" ein kleines Lächeln schenken und ihm die Sicherheit geben, daß du keinen Krieg willst.

Nun laß dir ein paar Minuten Zeit, um ein solches Szenario in der Phantasie auf deine Weise durchzuspielen. Wenn du willst, kannst du dabei die Augen schließen, um etwas Übung zu gewinnen in dieser Kunst des sanften Umganges mit Feindseligkeit. (2 – 3 Minuten)

Und nun reck und streck dich, atme einmal tief aus und sei mit deiner Aufmerksamkeit wieder hier, erfrischt und wach.

Mit dem dritten Auge sehen

Diese Meditation hilft dir, die helle und die dunkle Seite anderer Menschen zu sehen. Unter der „hellen" Seite wollen wir all das verstehen, was irgendeine Person von sich sagt, was sie demonstriert und was wir über sie wissen. Dazu kann Erfreuliches und Unerfreuliches gehören. Die „dunkle" Seite ist das, was jemand verbirgt, worüber er nicht spricht, was er anderen nicht zeigt. Auch diese dunkle Seite, der Schatten, kann Erfreuliches und Unerfreuliches in sich bergen. Den Schatten können wir oft nicht auf den ersten Blick erkennen. Wir müssen uns Zeit nehmen und all unser Einfühlungsvermögen aufwenden, um eine Ahnung zu entwickeln, was irgend jemand vor uns und der Welt verbirgt.

Wenn wir jemanden besser verstehen wollen, dann bekommen wir ein ausgeglicheneres Bild, wenn wir das Sichtbare mit dem Verborgenen ergänzen, soweit uns das gelingt. Wenn wir ein vollständigeres Bild haben, dann können wir besser auf den anderen eingehen, und wir können uns selbst leichter schützen in Situationen, in denen wir uns in der Vergangenheit verletzlich gefühlt haben. Vielleicht gelingt es uns auf diese Weise, in Zukunft besser mit dem anderen auszukommen.

Setz dich bequem hin und schließ deine Augen. Mach deinen Rücken ganz gerade und achte darauf, daß Arme und Beine nicht gekreuzt sind. Hol einmal tief und gründlich Luft und atme einmal langsam aus. Laß deinen Atem schön tief und langsam werden und ganz entspannt.

Nun geh mit deiner Aufmerksamkeit weit nach oben bis hoch

in den Himmel. Laß von dort oben ein strahlendes, weißes Licht zu dir herunterströmen.

Laß dieses kräftige Licht dich von allen Seiten umfließen und laß es auch in dich hineinströmen, so daß dein eigener Körper ganz hell wird. Mit jedem Atemzug kannst du dieses Licht einatmen. Es umgibt dich außen und es erfüllt dich innen, ganz sanft durchdringt es deine ganze Existenz und verbindet sich mit der Lebensenergie deines Körpers.

Jetzt konzentriere deine Aufmerksamkeit auf die Mitte deiner Stirn, auf das Energiezentrum deines dritten Auges. Mit deinem dritten Auge kannst du klar sehen, du kannst mit ihm auch in die Dinge und in die Menschen hineinschauen. Hol einmal ganz tief Luft und spüre, daß die Kraft des weißen Lichtes leicht und sanft durch dein drittes Auge herein- und hinausströmt.

Stell dir vor, daß sich dein drittes Auge öffnet, und spüre, wie die Energie des weißen Lichtes auf deiner Stirn in eine kreisförmige Bewegung kommt, wie ein kleines strahlend helles Rad. Dabei verändert sich die Farbe des Lichtes: Es leuchtet jetzt in einem kräftigen, anregenden Violett.

Jetzt kannst du dir jemanden einfallen lassen, den du gern besser verstehen möchtest. Wähle jemanden aus, den du gut kennst. Das kann jemand sein, mit dem du zusammenlebst, jemand aus deiner Familie oder ein Freund. Stell dir vor, daß diese Person entweder vor dir sitzt oder vor dir steht.

Und jetzt sieh, daß du ein Stück Bergkristall in der Hand hältst. Richte die Spitze des Bergkristalls auf die Person vor dir. Sieh, wie der Bergkristall das Licht in verschiedene Wellenlängen bricht. Bemerke, wie du jetzt ein doppeltes Bild der Person bekommst: ein helles und ein dunkles. Betrachte diese beiden Personen aufmerksam. Was kannst du sehen?...

Zunächst kannst du dich auf die helle Seite konzentrieren. Welche persönlichen Merkmale, welche Gefühle, welche Charakterzüge kannst du in dieser hellen Person entdecken?... (1 – 2 Minuten)

Jetzt wende dich der dunklen Seite, dem Schatten, zu. Welche verborgenen Charakterzüge, welche verborgenen Gefühle kannst du jetzt sehen?...

Hast du diesen Schatten vorher schon bemerkt? Wann war das? Wo? Was hast du damals mit der Erkenntnis gemacht, als du den Schatten der anderen Person zum ersten Mal bemerktest?...

Hast du es mit der Angst bekommen? Warst du ärgerlich, traurig? Hast du versucht, diesen Schatten zu ignorieren?... (1 – 2 Minuten)

Nun kannst du darüber nachdenken, was du mit deinem Wissen über den Schatten dieses Menschen tun möchtest. Wie kannst du dieses Wissen benutzen, damit sich eure Beziehung entwickeln kann, damit sie wächst und für euch beide erfreulicher wird?...

Wie kannst du dich vor dem Schatten dieser Person schützen?...

Hole noch einmal ganz tief Luft und richte den Bergkristall beim Ausatmen auf den Boden, damit die beiden Seiten der Person wieder zusammenkommen...

Und wenn die beiden Seiten der Person wieder miteinander verbunden sind, kannst du das Bild dieses Menschen loslassen...

Nun stell dir irgend jemanden vor, den du nicht so intim kennst. Vielleicht willst du dir jemanden aus deiner Firma aussuchen, einen Mitarbeiter, einen Vorgesetzten, einen Geschäftspartner, einen Kunden oder einen Berater. Du kannst dir auch jemanden aussuchen, den du erst kürzlich kennengelernt hast. Stell dir wieder vor, daß diese Person vor dir sitzt oder steht. Sieh, wie du deinen Bergkristall wieder benutzt und mit der Spitze auf diese Person deutest. Das Licht bricht sich in dem Bergkristall, und du kannst sehen, daß sich die andere Person wieder aufteilt in zwei Menschen, in einen hellen und einen dunklen.

Schau diese beiden Menschen genau an. Was kannst du sehen?

Zunächst konzentriere dich auf die helle Seite. Welche Charakteristika, welche Gefühle, welche Persönlichkeitszüge kannst du an der hellen Person entdecken?... (1 – 2 Minuten)

Jetzt konzentriere dich auf die dunkle Seite, auf den Schatten. Welche verborgenen Merkmale, Gefühle und Charakteristika kannst du hier sehen?...

Hast du diesen Schatten vorher schon bemerkt? Bei welcher Gelegenheit?...

Was hast du mit deiner Einsicht gemacht, als du den Schatten dieser Person das erste Mal bemerktest?...

War dir unbehaglich zumute? Warst du ärgerlich? Enttäuscht? Irritiert? Hattest du ein anderes Gefühl? Hast du versucht, diesen Schatten zu ignorieren? Kannst du jetzt irgend etwas Neues auf der dunklen Seite entdecken, das dir vorher nicht aufgefallen war?... (1 – 2 Minuten)

Was kannst du jetzt mit deinem Wissen über den Schatten dieses Menschen tun, damit sich eure Beziehung verändern kann, damit sie besser wird und euch beide befriedigen kann?...

Wie kannst du dich vor dem Schatten dieser Person schützen?...

Hole einmal ganz tief Luft und richte beim Ausatmen den Kristall wieder auf den Boden, damit die beiden Seiten dieser Person wieder zusammenkommen können...

Und wenn du siehst, daß die beiden Seiten dieses Menschen wieder verbunden sind, kannst du sein Bild loslassen...

Behalte all die Dinge, die du gesehen hast, in deinem Gedächtnis. Vielleicht möchtest du diese Fähigkeit häufiger benutzen, um mit deinem dritten Auge ein vollständigeres Bild anderer Menschen zu gewinnen.

Nun reck und streck dich ein wenig und öffne die Augen. Sei mit deinem Bewußtsein wieder hier, erfrischt und wach.

Mitgefühl

Wenn wir jemanden lieben, dann tragen wir dazu bei, daß dieser Mensch vergnügt und glücklich sein kann. Mitgefühl ist die Schwester der Liebe. Mitgefühl veranlaßt uns, etwas gegen das Leiden eines anderen Menschen zu tun. Wir alle können lieben und Mitgefühl zeigen, und wenn wir das praktizieren, dann geht es auch uns selbst besser. Wir fühlen uns lebendiger, frischer und kräftiger.

Liebe und Mitgefühl verbinden uns mit anderen Menschen, indem sie eine Brücke des Verständnisses bilden. Verständnis ist unsere Fähigkeit, uns in den anderen hineinzuversetzen und nachzuempfinden, was ihn glücklich macht und was ihn leiden läßt. Wir identifizieren uns mit dem anderen, mit seinem Körper, mit seinen Gefühlen, mit seinen Schwierigkeiten. Um das Leid eines anderen Menschen zu verstehen, genügt es nicht, daß wir von außen beobachten. Wir müssen bereit sein, uns eine Weile in die andere Person hineinzuversetzen. Wenn wir sozusagen an uns selbst das Leid eines anderen spüren, dann kann wirkliches Mitgefühl in uns entstehen. Mitgefühl ist etwas anderes als Mitleid. Mitleid bleibt oft eine äußerliche Geste, während Mitgefühl unsere Bereitschaft fordert, selbst das Leid zu spüren, das den anderen quält.

Es ist leicht für uns, Leid zu verstehen, wenn jemand schwach und krank ist, arm oder unterdrückt, schutzlos und einsam. Aber Tag für Tag finden wir auch subtilere Formen des Leides. Manchmal scheint es jemandem sehr gut zu gehen, aber wenn wir genau hinschauen, können wir Kummer und Sorgen bemerken, die fast unsichtbare Spuren hinterlassen haben. Oft vergessen wir, daß Menschen, die mächtiger oder reicher sind als wir selbst, ebenfalls leiden.

Laß dir irgendeine Person einfallen, bei der du eine kaum sichtbare Spur des Leides bemerkt hast. Schau tief in diese Person hinein und bemerke, wie sich Kummer und Sorgen vielleicht in ihrer Existenz ausdrücken. Vielleicht brauchst du sehr viel mehr Zeit, als dir jetzt zur Verfügung steht, um in wirklich tiefen Kontakt mit dem Kummer dieses Menschen zu kommen. Wahrscheinlich mußt du diesen Menschen auch im Alltag beobachten, bis du wirkliches Mitgefühl empfinden kannst. (1 – 2 Minuten)

Wenn wir jemanden auf diese Weise intensiv betrachten, dann wird unser Mitgefühl irgendwann den Wunsch auslösen, etwas für diese andere Person zu tun. Wir sagen nicht nur: „Ich mag diesen Menschen" oder „Ich weiß, wie dieser Mensch sich fühlen muß", sondern wir sagen: „Ich will etwas tun, damit dieser Kummer kleiner wird." Und wir suchen nach einem passenden Weg, wie wir unser Mitgefühl ausdrücken können. Wenn wir mit diesem Menschen zu tun haben, dann drücken unsere Gedanken, unsere Worte, unsere Taten etwas von diesem Mitgefühl aus, gerade auch dann, wenn dieser andere schwierig ist, wenn er Dinge tut oder sagt, die für uns nicht leicht zu akzeptieren sind.

Mitgefühl mit schwierigen, mächtigen, unzugänglichen Menschen ist besonders wichtig. Wir können dabei lernen, daß Mitgefühl nicht davon abhängt, daß die andere Person liebenswert ist. Vielleicht brauchen wir einige Zeit, bis wir dazu in der Lage sind. Dann wissen wir, daß unser Mitgefühl echt und stark ist.

Mitgefühl können wir sogar für die Menschen entwickeln, die uns selbst leiden lassen. Wir können uns daran erinnern, daß jeder, der uns leiden läßt, selbst leidet. Wenn wir genau hinschauen, dann können wir auch das Leid dieses Menschen bemerken. Wir können uns vorstellen, daß seine Schwierigkeiten zum Teil auf seine Kindheit zurückgehen, auf ungeschickte oder unreife Eltern. Aber diese Eltern waren ihrerseits die Kinder unglücklicher Eltern.

So können wir das Leid zurückverfolgen von Generation zu Generation, und wir müssen nicht die unfruchtbare Frage nach der Schuld stellen. Wenn wir das sehen können, dann müssen wir diesem Menschen nicht länger Vorwürfe machen, weil wir wissen, daß er auch ein Opfer ist. Wenn wir wirklich genau hinsehen, dann verstehen wir besser.

Und du kannst dir wieder ein paar Minuten Zeit nehmen, um jemanden genauer zu betrachten, der dir Leid zufügt oder Leid zugefügt hat. Vielleicht kannst du eine Ahnung entwickeln, was diesen Menschen dazu veranlaßt, daß er sich rücksichtslos oder gedankenlos, hart oder erpresserisch verhält. Vielleicht kann deine Bitterkeit weniger werden, so daß du dich leichter fühlst, so leicht, daß du zu einem halben Lächeln in der Lage bist. (1 – 2 Minuten)

Wir müssen nicht immer mit dem anderen sprechen, wenn wir uns auf diese Weise versöhnen. Wir können genauer hinsehen, wir können verstehen und wir können alle Rache- und Bestrafungsphantasien aufgeben, dann geschieht nämlich das Wichtigste: Wir versöhnen uns mit uns selbst.

Wenn du bereit bist, anderen – und dir selbst – zu vergeben, dann mußt du dich nicht länger als Opfer fühlen. Du kannst viel freier atmen und du bist besser in der Lage, Frieden und Glück zu genießen.

Vertrauen

(Für diese Meditation benötigen Sie eine Rolle Garn und eine Schere.)

Wir verstehen nicht immer, was uns geschieht. Wir werden überrascht, was mit anderen geschieht oder was sich in einer besonderen Situation ereignet. Aber wenn wir Vertrauen zu uns selbst haben können, dann finden wir inmitten aller Veränderungen Sicherheit, Ausgeglichenheit und Offenheit.

Am einfachsten ist es, wenn wir unserer Fähigkeit vertrauen, präsent zu sein, zu beobachten, zu atmen, über unsere Erlebnisse zu reflektieren und daraus zu lernen. Unser Vertrauen zu uns selbst kann noch tiefer werden, wenn wir daran denken, daß wir lächeln können, daß wir innerlich wachsen können, daß wir wählen können. Wir können bemerken, wie wir leben, wie wir unsere Persönlichkeit ausdrücken, was wir vermeiden. Wenn wir diese Ehrlichkeit uns selbst gegenüber aufbringen, können wir uns selbst vertrauen.

Schneide dir von dem Garn ein Stück ab und mach es so lang oder so kurz, wie du willst. Das eine Ende steht für den Zeitpunkt deiner Geburt und das andere Ende steht für den Zeitpunkt deines Todes. Halte das Stück Garn eine Weile still in deinen Händen und bemerke, daß du auf eine ungewöhnliche Art dein Leben betrachtest... (1 Minute)

Und wenn du dazu bereit bist, dann mache irgendwo in deinem Stück Garn einen Knoten, der diesen Augenblick repräsentiert, diesen Augenblick in deinem Leben, an dem du hier sitzt, das

Garn in deinen Händen hältst und atmest...

Benutze diesen Knoten, um dir klarzumachen, daß du immer wieder wählen und entscheiden kannst. Du kannst entscheiden, für wen du arbeiten willst, ob du selbständig sein willst oder in einem Unternehmen arbeiten; du kannst entscheiden, wer dir nahekommen und wer weiter wegbleiben soll; du kannst entscheiden, welchen Rhythmus von Aktivität und Ruhe du haben willst; du kannst entscheiden, wann du mit anderen zusammen sein willst und wann du Einsamkeit brauchst. Denke über deine Wahlmöglichkeiten nach, während du das Stück Garn betrachtest und den Knoten berührst, der diesen Augenblick symbolisch darstellt. Bemerke, wie dieser Augenblick für dich ist, und bemerke, wer du bist. Du kannst dich dafür entscheiden, wach zu sein und dankbar für das Leben, das dir gegeben ist und für diesen Augenblick. (1 – 2 Minuten)

Und während du weiter das Garn in deinen Händen hältst und in Kontakt bist mit Anfang und Ende deines Lebens, kannst du dich auf deine wesentlichen Hoffnungen konzentrieren.

Wir alle hoffen, daß unser Leben reicher und vollständiger wird.

Wir alle hoffen, daß wir uns mit dem anfreunden können, was wir am meisten fürchten.

Wir alle hoffen, daß sich das öffnet, was aus irgendeinem Grunde verschlossen wurde.

Wir alle hoffen, daß alles, was sich in unserem Leben verhärtet hat, einmal weich und sanft wird.

Wir alle hoffen auf Kreativität, Leidenschaft und Liebe.

Wir alle hoffen, daß wir unser innerstes Selbst mehr und mehr ausdrücken können – Licht und Schatten, unsere männlichen und weiblichen Seiten.

Wir alle hoffen, daß wir lernen, dem Leben zu vertrauen.

Laß dir ein wenig Zeit, jenen Hoffnungen nachzuspüren, die für dich in diesem Moment besonders wichtig sind. Vergiß nicht, dabei zu atmen, denn dein Atem gibt dir die Kraft zum Hoffen. (2 – 3 Minuten)

Vielleicht möchtest du dir dein Stück Garn eine Weile aufbewahren, um von Zeit zu Zeit über deine Wahlmöglichkeiten und über deine wesentlichen Hoffnungen in Ruhe nachzudenken. Vielleicht hast du jetzt ein paar Gedanken gehabt, die du dir notieren möchtest, oder du nimmst dir vor, über diese Gedanken mit Menschen zu sprechen, die dir nahestehen.

BÜCHER BEI ISKOPRESS

Betty Carter/Joan K. Peters: **Macht und Liebe. Wege aus der Ehekrise**

Doris Brett: **Anna zähmt die Monster. Therapeutische Geschichten für Kinder**

Sidney Rosen: **Die Lehrgeschichten von Milton H. Erickson**

Howard Halpern: **Abschied von den Eltern. Eine Anleitung für Erwachsene, die Beziehung zu den Eltern zu normalisieren**

Eva Leveton: **Mut zum Psychodrama. Ein klinischer Leitfaden**

Gay Gaer Luce: **Liebe, Lust und langes Leben. Methoden, um in den Jahren der Reife gesund, glücklich und bewußt zu leben**

Stanley Keleman: **Lebe dein Sterben**

Lynn Hoffman: **Grundlagen der Familientherapie. Konzepte für die Entwicklung von Systemen**

Fanita English: **Transaktionsanalyse**

Hildegard Klippstein (Hg): **Zwischenspiele. Metaphorische Geschichten für Kinder und Erwachsene**

Gerald G. May: **Der sanfte Weg. Ein Meditationshandbuch**

Cloé Madanes: **Hinter dem Einwegspiegel. Fortschritte in der strategischen Therapie**

Jay Haley: **Ordeal Therapie. Ungewöhnliche Wege der Verhaltensänderung**

WEITERE TITEL VON KLAUS W. VOPEL

Themenzentriertes Team-Training, Band 1 – 4
Band 1: Die Unternehmenskultur.
Band 2: Die Team-Mitglieder.
Band 3: Interaktion im Team.
Band 4: Aufgaben und Projekte.

Kooperation und Kompetenz. Spiele für die lernende Organisation, Band 1 und 2

Führungsqualitäten. Gruppenexperimente zur Personalentwicklung

Gruppenrituale. Die Kunst, mit dem Herzen zu sehen

Lust am Leben. Phantasiereisen für Optimisten

Die 10-Minuten-Pause. Mini-Trancen gegen Streß

Höher als die Berge, tiefer als das Meer. Phantasiereisen für Neugierige

Metaphorische Aktionen. Ungewöhnliche Wege zur Gruppenkohäsion

Handbuch für Gruppenleiter. Zur Theorie und Praxis der Interaktionsspiele

Lernstrategien und Experimente für Beratung, Training und Therapie, Band 1 bis 3
Band 1: Sich mitteilen lernen
Band 2: Sich gesund erhalten
Band 3: Enge persönliche Beziehungen gestalten

Fordern sie unser Gesamtverzeichnis an:
iskopress, Postfach 1263, 21373 Salzhausen
Tel.: 04172 / 7653, Fax: 04172 / 6355